ABRÉGÉ

D'UNE

PARTIE DE MA V...

LE DIABLE AMOUREUX

Vaudeville en un acte,

COMPOSÉ A L'AGE DE VINGT ANS.

PAR

Mme Ve LANDRIEUX.

PARIS,

IMPRIMERIE BAILLY, DIVRY ET Ce,

PLACE SORBONNE, 2.

1857

ABRÉGÉ D'UNE PARTIE DE MA V...

LE DIABLE AMOUREUX.

ABRÉGÉ

D'UNE

PARTIE DE MA V...

LE DIABLE AMOUREUX

Vaudeville en un acte,

COMPOSÉ A L'AGE DE VINGT ANS.

PAR

Mme Ve LANDRIEUX.

PARIS,

IMPRIMERIE BAILLY, DIVRY ET Ce,

PLACE SORBONNE, 2.

1857

LE

DIABLE AMOUREUX

VAUDEVILLE EN UN ACTE.

PERSONNAGES.

Mme DUFOUR.

ANNA, sa fille.

BAZILE, son neveu.

EDOUARD, peintre, amant d'Anna.

Deux domestiques.

La scène se passe dans un hôtel garni.

Le théâtre représente une salle ; à droite du spectateur est un cabinet, à gauche une table, à côté un fauteuil ; plusieurs siéges sont rangés autour de la salle ; au fond du théâtre est une porte qui s'ouvre à deux battants.

LE DIABLE AMOUREUX [1]

SCÈNE Ire

ANNA, BAZILE.

Au lever du rideau, Anna est assise près de la table, son bras appuyé sur celui du fauteuil soutient sa tête, elle semble réfléchir. Bazile, debout derrière elle, l'examine attentivement.

BAZILE.

Anna? ma cousine Anna? (*A part.*) Voyez un peu si elle me répondra (*il la pince*).

ANNA.

Aie! aie! (*Elle se lève et lui donne un soufflet.*) Ah! tiens, imbécile, voilà pour toi...

BAZILE.

Que diantre! ne frappez pas si fort... Savez-vous bien que votre main n'est pas légère...

[1] Vaudeville que j'ai fait à l'âge de vingt ans.

ANNA.

Tant mieux ! pourquoi me pincez-vous ?

BAZILE.

Dame ! c'est pour vous faire parler ; lorsque je veux causer avec vous, on dirait que vous êtes muette... vous ne répondez pas plus que cette table... comme c'est amusant !...

ANNA.

J'en suis fâchée, mais cela me plaît ainsi.

BAZILE.

Je vous avertis que je ne souffrirai pas plus longtemps vos mépris.

Air : *Pendant trente ans.*

Anna votre dédain me blesse,
Il excite enfin mon courroux,
Quand je vous parle de tendresse,
Dites, pourquoi vous taisez-vous ? (*bis*)
Votre silence me taquine ;
Mais je puis bien vous assurer
Que dorénavant ma cousine,
Je saurai vous faire parler. (*bis*)

ANNA.

Nous verrons cela.

BAZILE.

Dieu de Dieu ! que vous êtes changée ! Vous qui étiez

si douce , si complaisante, vous êtes devenue méchante comme un démon !... autrefois... vous me disiez des gentillesses... c'était mon petit Bazile par-ci, mon petit Bazile par-là; mais maintenant vous n'avez que des choses désagréables à me dire : je suis une bête, un butor ; enfin, du matin au soir, vous m'accablez de sottises !... Il y a quatre mois , vous n'étiez pas si capricieuse.

Air : *Pauvre dame Marguerite.* (*Dame Blanche*).

Vous aviez un air affable.
Un caractère charmant ,
Vous étiez toujours aimable ,
Et me parliez poliment ;
Ce n'est plus ainsi, ma chère,
Et chaque jour pour vous plaire
Je fais, hélas ! (*bis*) des efforts superflus ;
Jadis vous étiez plus facile ,
A mes vœux vous étiez docile.

ANNA.

C'est que je vous aimais, Bazile,
Et maintenant.......

BAZILE

Eh bien !

ANNA.

Je ne vous aime plus.

BAZILE.

Ah ! cruelle, je connais la cause de votre aversion pour moi. Oui, perlide ! je sais que vous aimez Edouard,

ce freluquet de peintre qui depuis trois mois loge dans
cet hôtel... Votre mère avait bien besoin de lui louer?...
Au diable soient les femmes qui s'avisent de tenir hôtel
garni lorsqu'elles ont des filles à marier... Comment
conserver sa vertu lorsque journellement on est entourée
d'une foule de damoiseaux qui vous prodiguent leurs
hommages et leurs fadaises outrées?... Passe encore si
ma tante savait choisir son monde; mais non, elle loue
à un tas de jeunes gens qui sont tous des enjôleurs de
filles... y a-t-il du sens commun, là, je vous le demande
(*il hausse les épaules*); j'enrage quand j'y pense.

ANNA, *riant avec dépit.*

Avez-vous bientôt fini?...

BAZILE.

Oui, riez, je vous le conseille... Malgré votre air dé-
daigneux, il faudra bien vous résoudre à devenir ma
femme. J'ai la parole de votre mère, je ne crois pas
qu'elle soit tentée de me la retirer... Elle doit avoir toujours présent à la mémoire certain billet... dont je suis
possesseur et que je ferai valoir, si l'on m'y force.

ANNA.

Ce projet est digne de vous. Devriez-vous me con-
traindre à vous épouser, lorsque vous savez que j'en
aime un autre?... Eh bien! je serai votre femme si vous
m'y forcez... mais n'espérez pas être heureux avec
moi.

Air : *Ah ! daignez m'épargner le reste.*

Si je dis le oui conjugal,
S'il faut que je sois votre femme,
Cet hymen vous sera fatal.
Vous détesterez votre flamme ;
De vos chagrins je jouirai ;
Ils m'amuseront, je proteste.
Sans cesse je vous gronderai,
Je vous battrai, puis je vous ferai........

BAZILE.

Ah ! daignez m'épargner le reste. (*bis*)

Assez, assez, je comprends, vous avez de bonnes ré-
solutions, vraiment !... Vous croyez peut-être m'effrayer
par vos menaces ; eh bien ! pas du tout, je vous aimerai
en dépit de vous-même...

ANNA.

C'est ce que nous verrons.

BAZILE.

Mon Dieu ! ma cousine, pourquoi me rebuter ainsi ?
moi qui serais si heureux si vous vouliez m'aimer un
peu... rien qu'un peu... Tenez, faisons la paix, laissez-
moi prendre un petit baiser.

ANNA.

Du tout, du tout, laissez-moi tranquille...

BAZILE, *à part.*

Encore un refus, j'en étais sûr. (***Haut.***) Eh bien ! puisque vous refusez de bonne volonté, je vais le prendre de force...

ANNA.

Je vous le défends, n'approchez pas...

Elle se met entre la table et le fauteuil, Bazile s'approche pour l'embrasser ; elle pousse sur lui le fauteuil, Bazile, voulant le retenir, tombe et l'entraîne dans sa chute.

SCÈNE II.

Mme DUFOUR, ANNA, BAZILE.

Mme DUFOUR.

Eh bien ! Qu'y a-t-il donc ? Pourquoi tant de bruit ?...

ANNA.

C'est ce nigaud qui veut m'embrasser.

BAZILE. (*Il se frotte la jambe.*)

Oui, ce nigaud... Vous ne vous défendez pas si bien lorsque M. Edouard vous en conte... hier encore...

Mme DUFOUR.

Allons, paix ; sortez, Anna, je vous l'ordonne.

(Anna sort en menaçant Bazile.)

SCÈNE III.

Mme DUFOUR, BAZILE.

Mme DUFOUR, *voyant Bazile qui se frotte la jambe.*

C'est bien fait ! cela t'apprendra à la contrarier une autre fois.

BAZILE, *d'un ton pleureur.*

Elle a raison, sans doute... moi, j'ai tort ; c'est tou‑ jours comme ça, ici... au lieu de me soutenir, vous me grondez.

Air de la Contredanse.

Donnez-moi tort aussi,
C'est l'habitude ici,
L'on se plaît à me contredire.
Si je dis un seul mot,
Je passe pour un sot,
Il faut souffrir et ne rien dire.
 Maltraité,
  Tourmenté,
Sans cesse rebuté,
Je n'ai jamais raison,
Et dans cette maison
On me fait tour à tour
  Chaque jour
  Plus d'un tour,
Et l'on trouve à souhait
Mille moyens secrets ;

Si d'un baiser soudain
Je lui fais le larcin,
Ma cousine, tout net,
Me donne un bon soufflet.
Je viens me plaindre à vous
Pour calmer mon courroux,
Vous me grondez encor
Dieux ! quel malheureux sort !
Donnez-moi tort aussi
C'est l'habitude ici,
L'on se plaît à me contredire.
Si je dis un seul mot,
Je passe pour un sot,
Il faut souffrir et ne rien dire.

On a bien raison de dire que les battus payent l'amende... faut avouer que j'ai fièrement du guignon... Savez-vous, ma tante, que ce monsieur Edouard se permet de marcher sur mes brisées ? il s'est déclaré mon rival...

Mme DUFOUR.

Que faire à cela ?

BAZILE, *avec humeur*.

Que faire, morbleu ?... lui donner son congé, il me déplaît, c'est un insolent qui me rit au nez chaque fois qu'il me rencontre... certes, je ne suis pas si risible !...

Mme DUFOUR.

Tranquillise-toi, le cœur d'une tante ne saurait être

insensible à cet affront ; dès qu'il sera rentré, je lui si-
gnifierai très-poliment de chercher un autre logement ;
je venais ici dans cette intention , je pensais le trouver
auprès de vous.

BAZILE, *en colère*.

Auprès de nous ?... Y pensez-vous, ma tante ? croyez-
vous donc que je pourrais patiemment supporter la présence d'un rival, et d'un rival préféré... encore ?

Mme DUFOUR.

Ta, ta, ta, ta, ne te fâches pas, un peu de modération...

BAZILE, *toujours en colère*.

De la modération... comme si l'on pouvait en avoir
lorsque l'on est journellement insulté par un blanc-bec
qui se croit un personnage, parce que son habit le serre
un peu plus que le mien, que sa cravate l'étrangle, et
que ses souliers lui font un pied mignon dont il ose à
peine toucher la terre... Mais je l'aperçois venir, je vous
laisse avec lui (*il s'en va et revient*) ; surtout, n'allez pas
vous laisser fléchir par ses belles paroles... et donnez-lui
son congé en bonnes formes.

Mme DUFOUR.

Air de la Galopade.

Rassure toi ,
Tu peux compter sur-moi

Sois tranquille ;
Sans balancer
Je lui vais annoncer
Qu'il peut déménager.

BAZILE.

N'allez pas, ma tante,
Tromper mon attente,
Je compte sur vous.

Mme DUFOUR.

T'obliger me semble doux.

BAZILE.

Montrez-vous sévère
Et même colère ;
De la fermeté,
Chassez la sensibilité.

DUO.

BAZILE.

A la froideur,
Joignez s'il faut l'aigreur,
L'audace,
La menace,
Sans balancer
Il lui faut annoncer,
Qu'il peut déménager.

Mme DUFOUR.

Rassure-toi
Tu peux compter sur moi.

BAZILE.

Sois tranquille ;
Sans balancer,
Je lui vais annoncer
Qu'il peut déménager.

Mme DUFOUR.

Sois sans défiance,
Ouvre ton cœur à l'espérance,

Bientôt à ces lieux,
Édouard aura fait ses adieux.
Chut ! faisons silence
Le voici, vers nous qui s'avance;
Je vais te servir
Et satisfaire ton désir.

DUO.

BAZILE.	Mme DUFOUR.
A la froideur, etc.	Rassure-toi, etc.

(Il sort.

SCÈNE IV.

Mme DUFOUR, ÉDOUARD.

ÉDOUARD.

Serviteur à madame Dufour ; comment se porte mon
aimable hôtesse ?

Mme DUFOUR.

Très-bien, monsieur Edouard, je vous remercie...
Bon Dieu ! comme vous voilà équipé, la gibecière sur
le dos, le fusil sur l'épaule ; l'on dirait que vous venez
de la chasse ?

ÉDOUARD.

Justement, Madame, je viens de faire une chasse des
plus agréables, vous m'en voyez ravi, enchanté... c'est
un délassement que j'aime à la folie...

Air : *Combien je sens d'impatience !*

Que l'un trouve sa jouissance
A vanter ses biens, son château ;
Qu'un brave à parler de vaillance
Goûte un plaisir toujours nouveau ;
Des bois j'aime l'ombrage,
Un peu le braconnage ·
Je le dis de grand cœur,
   Je suis chasseur.
   Près d'un taillis
   Quand je me place,
J'attends le gibier patiemment,
   Un lièvre sort,
   Écoute, et d'abord
   Qu'il entend du bruit
   De suite il s'enfuit,
   Et j'atteins mon but.

Parfois je le manque ; mais, loin de perdre courage, je charge de nouveau, et sitôt qu'un autre paraît, je l'ajuste, le coup part, le lièvre tombe, je m'en saisis et reviens glorieux, chargé du fruit de ma victoire...

La chasse, la chasse
Est un plaisir charmant,

Mme DUFOUR.

Comme vous dites, ce plaisir est charmant.

ÉDOUARD.

Cependant aujourd'hui ce plaisir m'a fait négliger un

devoir, j'accours réparer ma faute... me pardonnez-vous
de m'être absenté avant de vous avoir présenté mes
hommages...

Mme DUFOUR.

De bon cœur. (*A part.*) Qu'il est aimable !... comment me résoudre à lui donner congé... il le faut pourtant. (*Haut.*) Monsieur Edouard, pourriez-vous m'accor-
der un moment d'entretien ? j'ai deux mots à vous dire...

ÉDOUARD.

Parlez, Madame, je suis à vos ordres.

Mme DUFOUR.

Ecoutez-moi, je vous prie, et veuillez me prêter votre
attention... Je sais que vous aimez ma fille, je n'ignore
pas qu'elle vous paye de retour... Les yeux d'une mère
sont clairvoyants ; je ne puis vous la donner pour épouse,
puisque mon neveu a ma parole... ainsi j'exige que dès
aujourd'hui vous quittiez mon hôtel... Si le repos
d'Anna vous est cher, vous n'hésiterez pas à satisfaire
à ma demande.

ÉDOUARD.

Ai-je bien entendu ? Quoi ! vous voulez me forcer à
quitter votre maison, vous voulez m'éloigner d'Anna...
Ah ! cet ordre est trop rigoureux... révoquez-le, de
grâce.

Mme DUFOUR.

Impossible !...

ÉDOUARD.

Comment, impossible ! Bazile, dites-vous, a votre parole ; mais vous ne la lui avez sans doute donnée qu'à condition que ce mariage plairait à votre fille. Elle n'aime pas son cousin ; moi, je l'adore, et j'ai le bonheur de ne lui être pas indifférent. Consentez à notre union, je vous en conjure.

Mlle DUFOUR.

C'est malgré moi que je vous refuse ; écoutez, et jugez si je puis manquer à mes engagements... Il y a quatre ans que j'eus le malheur de perdre mon unique sœur : en mourant, elle me donna ce fonds d'hôtel garni, à condition que ma fille épouserait son fils Bazile. J'acceptai son offre, en lui promettant de conclure leur mariage lorsqu'Anna aurait atteint sa dix-huitième année. Elle exigea pour garant de ma parole un billet par lequel je m'engageais à prendre Bazile pour gendre, sous peine de lui donner une somme de huit mille francs. Elle remit ce papier entre les mains de son notaire, et mourut peu de temps après... Il y a trois mois que je songeais à remplir ma promesse, lorsque vous vîntes louer chez moi. Vous vîtes Anna, elle vous plut, et, malgré ma prévoyance, je ne pus vous empêcher de lui déclarer votre amour. J'ai su lire dans son cœur. Elle m'a avoué l'affection qu'elle a pour vous... que faire ? Vous n'êtes pas riche, et moi je ne puis rompre ce mariage, vu l'impossibilité où je me trouve de payer la somme promise dans ce malheureux billet.

ÉDOUARD.

Le cas est embarrassant. (*Il réfléchit.*) **Dites-moi,** ce billet est-il toujours chez le notaire ?

Mme DUFOUR.

Non ; cet homme est mort depuis deux mois, et maintenant mon neveu le porte toujours sur lui.

ÉDOUARD.

N'y aurait-il pas moyen de le faire renoncer à la main de sa cousine ? cela rendrait le billet nul.

Mme DUFOUR.

Que faire pour cela ?

ÉDOUARD.

Agir de ruse. Si je parvenais à avoir ce papier, m'accorderiez-vous la main d'Anna ?

Mme DUFOUR.

Je vous le promets.

ÉDOUARD, *rêvant.*

Bazile est-il peureux ?

Mme DUFOUR.

Comme un lièvre... mais d'où vient cette question ?

ÉDOUARD.

J'ai un projet en tête ; me permettez-vous de le mettre à exécution ?

Mme DUFOUR.

Avant il faut que je sache de quoi il s'agit.

ÉDOUARD.

Volontiers.

SCÈNE V.

Mme DUFOUR, ÉDOUARD, ANNA.

ANNA.

Maman ! quelqu'un vous demande.

Mme DUFOUR.

J'y vais ; (*à Edouard.*) Je suis à vous tout à l'heure.
(*Elle sort.*)

SCÈNE VI.

ANNA, ÉDOUARD.

(Anna veut s'en aller, Édouard la retient.)

ÉDOUARD.

Air : *Voilà les plaisirs du village.*

Demeurez, de grâce, un moment.

ANNA.

Non, je retourne à mon ouvrage.

ÉDOUARD.

Chère Anna, deux mots seulement,
Je m'oppose à votre passage.

ANNA.

Pourquoi vous obstiner, Édouard,
A me retenir davantage ?
Je dois écouter mon devoir
Et non pas votre doux langage. } *(bis.)*

Laissez-moi, Edouard, je veux m'en aller ; vous n'êtes
pas sage du tout ; finissez, je vous en conjure.

ÉDOUARD.

Air : *Dans ce temps-là.*

Ne sois pas si farouche ,
Réponds à mon ardeur ;
Si mon amour te touche ,
Pourquoi cette rigueur ?
Tu me dis toujours d'être sage ;
Mais puis-je l'être auprès de toi ?

ANNA.

Si l'hymen nous engage ,
Cher Édouard ! croyez-moi ,
Oui , croyez-moi.
Dans ce temps-là
Je ne dirais plus ça. *(bis)*
Dans ce temps-là *(bis)*
Non, non, je ne dirai plus ça.

ÉDOUARD.

Il est donc vrai, je suis aimé de vous. Ah !

Air : *Si vous m'aimez.*

Redis-le moi ce mot charmant : je t'aime ;
Qu'il a d'attraits lorsqu'il est dit par toi ;

Ce mot si doux qu'amour dicta lui-même,
Va désormais me ranger sous ta loi.
Redis-le moi ce mot charmant : je t'aime. (*bis*)
Redis-le moi. (*bis*)

ANNA.

Oui, Édouard, je vous aime, et beaucoup trop pour mon repos.

ÉDOUARD.

Ah ! vous ne sauriez m'aimer comme je vous aime.

Air : *Depuis longtemps j'aimais Adèle.*

S'il est bien vrai, charmante amie,
Que je sois payé de retour,
Laisse-moi, sur ta main jolie,
Déposer un gage d'amour :
Pour une faveur si légère,
Aurai-je un refus rigoureux !
(*Il tombe à ses genoux.*)
A tes genoux j'attends, j'espère ;
Daigne vouloir ce que je veux.

ANNA.

Edouard ! Edouard ! relevez-vous, si quelqu'un entrait, que dirait-on ?

ÉDOUARD.

L'on dirait que je vous aime, que je vous adore ; mais rassurez-vous, mon amie, j'ai l'heureux pressentiment que bientôt nous ne craindrons plus les surprises.

ANNA.

Comment ! que voulez-vous dire ?

ÉDOUARD, *avec passion.*

Dans peu tu seras à moi; j'en jure par mon amour.
Oui, mon Anna, je te fais le serment d'être ton époux,
ou de mourir à tes yeux.

ANNA, *avec effroi.*

Ah! ne faites pas cet affreux serment; il me fait frémir. Apprenez-moi quel moyen vous emploirez pour
rompre mon mariage avec Bazile.

ÉDOUARD.

Ce moyen est très-simple. Je veux qu'il renonce de
lui-même à votre main.

ANNA.

Mais encore, comment cela se fera-t-il ?

ÉDOUARD.

Je vais vous instruire... mais j'aperçois votre cousin,
évitons sa rencontre.

(Ils vont pour sortir, Bazile les arrête.)

SCÈNE VII.

BAZILE, ANNA, ÉDOUARD.

BAZILE, *avec colère.*

Halte-là; je vous y trouve encore ensemble! vous de-
vriez rougir. La veille de notre mariage, se laisser dire
des douceurs par un autre! c'est affreux.... Je vais l'aller dire à ma tante... C'est trop fort, par exemple...

ANNA, *le retenant.*

Restez ; je vais le lui aller dire de votre part, et si elle se fâche, Monsieur saura me préserver de sa colère.

(*Ils sortent.* Bazile les regarde, puis revient sur le devant de la scène.)

SCÈNE VIII.

BAZILE *seul.*
Il se promène et paraît très-agité.

Quoi ! je ne me vengerai pas d'un pareil outrage ! Coquin de sort ! Dieu, que je suis malheureux !

Air : *Que de mal ! que de tourments !* (de la Fiancée.)

> Dieu ! qu'on est malheureux,
> Lorsqu'on est amoureux !
> C'est une véritable galère,
> Le sexe est à présent
> Si coquet, si changeant,
> Qu'on ne peut parvenir à lui plaire.
> Pour fixer la beauté
> Faudrait en vérité. (*bis*)
> Pouvoir sans balancer
> Se métamorphoser. (*bis*)
>
> Dieu qu'on est malheureux
> Lorsqu'on est amoureux,
> C'est une véritable galère,
> Le sexe est à présent
> Si coquet, si changeant :

Au diable soit l'amour,
Je ne dors ni nuit ni jour,
Je dessèche sur pied,
Vraiment je fais pitié.

Je crois que j'en perdrai la tête. Il me semble encore entendre ces mots : Je serai ta femme, m'a-t-elle dit ; mais tu ne seras pas plus heureux pour cela : je veux faire un enfer de notre ménage... La jolie promesse qu'elle m'a faite là... comme c'est consolant... Ne ferais-je pas mieux de renoncer à cette ingrate... mais le puis-je ?... (*Il rêve.*) J'y suis... Je veux aller à l'armée de la guerre... j'aurai peut-être le bonheur d'être tué, et alors j'oublierai la perfide... C'en est fait, mon parti est pris.

Air : *La moustache du Grenadier.*

Puisque l'amour me fait la guerre,
Je déserterai ses États,
Je veux échanger sa bannière
Pour celle du dieu des combats...
Moi, m'engager ! quelle folie !
Ah ! vraiment, je n'y pensais pas.
(*Avec résolution.*)
Non, non, je reste et me marie,
Pour faire aller ma femme au pas. (*bis*)

Oui, morbleu ! je veux me marier, et de plus, je veux être le maître. Je commanderai ; il faudra que l'on m'obéisse. Je montrerai que j'ai du caractère, que je suis homme... Je veux... Ah ! voici la traîtresse. Voyons que va-t-elle nous dire !

SCÈNE IX.

ANNA, BAZILE.

Bazile s'asseoit dans le fauteuil près de la table, de manière à
tourner le dos à la porte du fond.

ANNA, *feignant de se croire seule paraît effrayée et très-
agitée. Elle s'arrête au fond du théâtre.*

Juste ciel ! qu'ai-je vu ? Est-ce un songe ou une réalité... mes yeux ne me trompent-ils point ?... mais non ;
c'est bien lui... c'est le diable.

BAZILE, *qui écoute, répète avec effroi.*

Le diable...

ANNA, *feignant toujours de se croire seule.*

Se pourrait-il ? lui, amoureux de moi !... Oh non !
cla ne se peut pas... mais il me l'a dit... il veut m'épouser... m'enlever. M'enlever ! ah ! ce mot me fait frémir...
il est si laid ! si épouvantable ! il vaut cent fois mieux
mourir...

(Elle se cache le visage de ses deux mains.)

BAZILE.

Ah ça ! est-elle somnambule ou folle ?

(Il va près d'Anna et la tire par le bras.)

ANNA, *elle jette un grand cri.*

Ah ! c'est le diable... non, c'est Bazile.

(Au mot de diable, Bazile, qui est tombé la face contre terre,
n'entendant pas de bruit lève un peu la tête, mais retombe aussitôt en sentant Anna qui le tire par son habit.)

BAZILE.

Ah ! je suis mort.

ANNA, *d'un ton suppliant.*

Bazile, mon cher Bazile! relevez-vous ; c'est moi.

BAZILE, *se relevant lentement et regardant autour de lui.*

C'est vous, Anna ! Dieu que j'ai eu peur !

ANNA.

Bazile, m'aimez-vous toujours? Voulez-vous toujours être mon mari ?

BAZILE.

Traîtresse ! je voudrais répondre non ; mais je ne le puis.

ANNA.

En ce cas, il faut que vous m'épousiez de suite : ma vie en dépend.

BAZILE, *avec agitation.*

Qu'entends-je! Seriez-vous menacée de quelque malheur ?

ANNA, *avec effroi.*

Oh ! oui, d'un bien grand (*lui prenant la main avec force*). Ecoute et frémis. (*Pendant qu'elle parle la nuit vient par degrés.*) Comme je traversais le grand corridor qui conduit à la chambre de ma mère, je rencontrai M. Edouard qui m'offrit de m'accompagner chez elle. Comme il me présentait sa main pour m'y conduire, nous fûmes tout à coup séparés par un affreux démon qui, nous saisissant la main à l'un et à l'autre, nous dit : vous n'irez pas plus loin. Vous avez, je le sais, le projet de jouer un tour à Bazile ; mais il n'en sera rien : car moi seul épouserai Mademoiselle avant vingt-quatre heures. Elle sera mon épouse ; j'en jure par l'enfer... Pour vous, jeune homme, dit-il à Edouard : vous allez me suivre... Disant ces mots, il s'engloutit et disparut au milieu des flammes avec le malheureux Edouard... Mourante d'effroi, et ne pouvant presque me soutenir, je suis venue auprès de vous pour vous prier de m'épouser de suite, afin de me préserver du malheur d'être la femme du diable.

BAZILE, *il tremble de tous ses membres.*

Avant de répondre, permettez-moi d'aller chercher de la lumière ; car l'obscurité me fait mourir de peur. (*Il sort en courant.*)

SCÈNE X.

ANNA seule. (*Elle rit.*)

En vérité, je ferais une fort bonne actrice. Je remplis parfaitement mon rôle.... pauvre Bazile ! comme il est effrayé... Tout va bien jusqu'ici ; mais quand viendra le dénouement, qui sait si le succès couronnera notre entreprise... ma foi continuons toujours... Ah ! voici mon nigaud de mari.

(Bazile revenant tout essoufflé.)

BAZILE.

On vient. Qui est-ce ? (*Regardant par la porte du fond.*) Ce sont deux commissionnaires qui portent une malle.

ANNA.

Ah ! je sais, c'est celle de notre nouveau locataire.

BAZILE.

Quel locataire ?

ANNA.

Eh bien ! celui qui prend la chambre d'Edouard.

BAZILE.

Fort bien. Faut-il la faire déposer dans cette chambre ?

ANNA.

Oui, en attendant que ma mère soit revenue.

BAZILE, *au commissionnaire.*

C'est cela, maintenant sortez... Pourrais-tu me dire quel genre d'homme va emménager ? Ne serait-ce pas encore un escogriffe qui voudrait te faire la cour ?

ANNA.

Allons ! encore de la jalousie.

BAZILE.

Dam ! ce n'est pas ma faute.

Air : *Je suis jaloux.*

Je suis jaloux, ne t'en prends qu'à tes charmes,
Je crains toujours que l'on m'ôte ta foi ;
Tes jolis yeux redoublent mes alarmes ;
Si je m'absente un instant loin de toi.
Je suis jaloux. (*bis*)

(On appelle au dehors.)

Mademoiselle Anna!...

ANNA, à *part.*

On m'appelle... voilà le signal. (*A Bazile.*) Attends-
moi. (*Elle sort.*)

SCÈNE XI.

BAZILE, ÉDOUARD caché dans la malle.

BAZILE, seul, (*après un moment de réflexion.*)

C'est étonnant comme elle s'est adoucie... cette feinte
amitié cache peut-être quelque piége... Allons! Bazile,
point de jugement téméraire. Anna, est comme la plu-
part des jolies femmes, fort sujettes aux caprices. (*Regardant autour de lui.*) Je ne sais quelle terreur j'éprouve!
cette chambre est si sombre, et puis ces démons, ces re-
venants dont m'a parlé ma cousine, tout cela me rem-
plit de crainte, je crois en voir autour de moi... ah!
mon Dieu! mon Dieu! que je suis bête d'avoir peur, il
n'y en a point ici... chassons ces idées... parlons de mon
mariage... Ma foi je l'ai échappé belle!... Si ce faquin
d'Edouard fût resté plus longtemps ici, je ne sais quelle
tournure il eût pris; mais à présent qu'il est parti, le
diable lui-même ne parviendrait pas à m'enlever Anna.

(Pendant qu'il prononce ces deux dernières lignes, Edouard,
déguisé en diable, sort de la malle, s'approche derrière lui, et lui
frappant sur l'épaule, dit ces mots :)

ÉDOUARD.

En es-tu bien sûr?

Air : *Garde à vous* (de la Fiancée.)

Garde à toi, garde à toi !
Mortel plein d'arrogance,
Je suis en ta présence :
Lève les yeux vers moi.
Garde à toi. (*bis.*)
Respecte ma puissance,
Redoute ma vengeance,
Des enfers je suis roi.
Me voici, garde à toi ! (*bis*) (*ter.*)

BAZILE, *épouvanté se jette à genoux.*

O ciel !

ÉDOUARD.

Relève-toi, grand imbécile.

BAZILE, *toujours prosterné, tient sa tête cachée dans ses
mains.*

Air : *T'en souviens-tu.*

Grand Dieu ! quelle vision horrible !
Rêvé-je ? non, je ne dors pas.
Je voudrais fuir, mais impossible,
La frayeur enchaîne mes pas.

ÉDOUARD.

Demeure, je te le commande.

BAZILE.

Ah ! Seigneur, daignez m'épargner.

ÉDOUARD.

Quelle que soit ma demande,
Promets ici de t'y ranger. (*bis*)

BAZILE, tremblant.

J'obéirai, seigneur ! qu'exigez-vous de moi ?

ÉDOUARD.

Rien que de très-possible ; il faut me donner ton dédit.

BAZILE.

Mon dédit.

ÉDOUARD.

Oui.

BAZILE.

Je ne l'ai pas ; je vais vous l'aller chercher.

ÉDOUARD.

Demeure, il est dans ta poche.

BAZILE.

Cela n'est pas.

ÉDOUARD, le prenant par les oreilles.

Misérable ! tu oses me démentir !

BAZILE.

Pardon, seigneur ! j'oubliais que vous étiez instruit de tout ; le voici.

ÉDOUARD.

Tu fais bien de me le donner, sans cela je t'étrangle-rais sans miséricorde.

BAZILE.

Je n'en doute pas, seigneur ! mais de grâce ne serrez pas si fort ; j'étouffe.

ÉDOUARD.

A présent va chercher ta tante, amène-là dans cette chambre, dis-lui que tu ne veux plus de sa fille.

BAZILE.

Quoi ! vous voulez...

ÉDOUARD.

Ne raisonne pas ; j'entre dans ce cabinet. Songe que je vais t'attendre. Si tu n'exécutes pas mes ordres, malheur à toi. Va, et reviens de suite. (*Il sort.*)

SCÈNE XII.

ÉDOUARD seul. (*Il se démasque.*)

(*Il rit.*) Ah ! ah ! ah ! ah ! ah ! le poltron, je n'ai pas eu de peine à réussir. Ah ! ah ! ah ! le voilà donc ce dédit qui mettait opposition à mon mariage avec la charmante Anna. (*S'adressant au billet.*) Vous voilà, monsieur, vous avez changé de maître, et bientôt vous n'en aurez plus, je vous en donne ma parole. J'entends du bruit, on vient... retirons-nous. (*Il entre dans le cabinet.*)

SCÈNE XIII.

Mme DUFOUR, ANNA, BAZILE.

BAZILE, *toujours effrayé.*

Oui, ma tante, je l'ai vu comme je vous vois. Je ne suis pas fou.

Air : *J'tape partout.*

Sa figure était hideuse,
Son air sombre et menaçant,
Sa taille prodigieuse
Comme celle d'un géant ;
Ses cornes étaient monstrueuses,
Son teint noir et repoussant,
Et de ses griffes affreuses,
Il m'a serré fortement.
J'en frémis d'épouvante.
C'est le diable, ma tante ;
Je l'ai vu... quelle horreur !
J'en meurs de frayeur. (*bis*)

ANNA.

Tu rêves, Bazile...

BAZILE.

Ah ! je suis bien sûr du contraire... oui, je l'ai vu, je l'ai entendu, et même il a failli m'étouffer.

ANNA.

Serait-il vrai ?

BAZILE.

C'est comme j'ai l'honneur de vous le dire ; mais il a fait encore pire, il m'a volé.

Mme DUFOUR , ANNA.

Il se pourrait...

BAZILE.

Hélas ! il n'est que trop vrai : quand je dis volé, ce n'est pas tout à fait le mot... il m'a forcé de lui donner mon dédit... de plus, il a exigé de moi le serment de ne plus prétendre à la main de ma cousine, quand bien même elle consentirait à m'épouser de sa propre volonté... puis il a ajouté qu'il voulait en faire sa femme.

Mme DUFOUR.

Quoi ! tu as fait ce serment !

BAZILE.

Pardienne, j'y étais bien forcé.

Air : *A soixante ans.*

Il me dit d'une voix tonnante,
Ces mots qui me firent frémir :
Il faut me céder ton amante,
Ou préfère tu mieux mourir.
Craignant pour mon corps et mon âme,
Je la cédai sans hésiter. (*bis*)

Je pensais en moi-même

Qu'on peut trouver une autre femme,
Mais qu'on ne peut ressusciter. (*bis.*)

Mme DUFOUR, *jouant toujours la surprise.*

Si je comprends un mot à tout cela, je veux mourir. Allons ! décidément tu es devenu fou ; il faudra te mettre à Charenton.

BAZILE.

Non pas, s'il vous plaît, je n'ai pas perdu la tête : mais, je vous répète encore une fois que j'ai vu le diable : je l'ai vu, de mes propres yeux vu ; comme je vous vois. Vous êtes incrédule... prenez garde à vous, ma tante ; cela vous portera malheur. S'il se présentait devant vous avec ses deux grandes cornes, et son regard effrayant, je gage qu'il vous ferait de mourir peur.

ÉDOUARD, *entr'ouvrant la porte du cabinet.*

Peut-être...

BAZILE.

C'est lui ; ô mon Dieu, protégez-moi ! (*Il se sauve.*)

SCÈNE XIV.

Mme DUFOUR, ANNA, ÉDOUARD,

ÉDOUARD, *sortant du cabinet, son masque à la main..*

Me pardonnerez-vous ce travestissement, et m'accorderez-vous la récompense que vous m'avez promise ? Voilà votre billet. Daignez vous souvenir que la main d'Anna doit m'appartenir. Vous m'avez donné votre parole.

Mme DUFOUR.

Je la tiendrai de bon cœur.

ÉDOUARD.

Madame, veuillez fixer le jour qui doit combler mes vœux.

Mme DUFOUR.

Soit : Je ne dois pas différer plus longtemps votre bonheur, à tous deux ; demain vous serez unis.

ÉDOUARD, ANNA, *ensemble.*

Demain.

ÉDOUARD.

Oh ! madame, que de bonté ! Comment vous exprimer ma reconnaissance ?

Air : *des Comédiens.*

C'est donc demain que par le mariage
Le dieu d'amour couronnera nos vœux.
Avec Anna pour jamais je m'engage ;
C'est donc demain que je vais être heureux.
Que de trésors vont être en ma puissance !
L'amour sur eux épuise tous ses traits.
Que de bonté, de fraîcheur, d'innocence,
Que de vertus, de grâces et d'attraits.

(*Prenant la main d'Anna.*)

Va, ne crains pas que pour une autre belle
Jamais mon cœur ressente un doux penchant.
A mes serments je veux être fidèle,
Et, quoique époux, être toujours amant ;
L'hymen, dit-on, cause souvent des peines ;
Il fait parfois répandre quelques pleurs ;
Mais si ce Dieu vous fait porter des chaînes,
J'espère au moins qu'elles seront de fleurs.
Auprès de nous que l'affreuse discorde
Jamais ne vienne affliger notre cœur ;
Soyons toujours unis par la concorde,
C'est le moyen de goûter le bonheur.

Refrain.

C'est donc demain que par le mariage
Le dieu d'amour couronnera nos vœux ;
Avec Anna pour jamais je m'engage.
C'est donc demain que je vais être heureux.

Mme DUFOUR.

Mes enfants ! allons tout préparer pour votre noce...

Mme DUFOUR au public.

Air : *Dis-moi, mon fils, dis-moi, t'en souviens-tu ?*

Ce vaudeville est un enfantillage,
L'auteur le fit à l'âge de vingt ans ;
Ayez, messieurs, des égards pour son âge,
Accordez-lui vos applaudissements.
La jeune femme qui fit cette pièce
Ne prétend pas s'illustrer comme auteur ;
Mais qu'elle puisse au moins avec adresse
Vous amuser, en recueillir l'honneur.

UNE PARTIE

DE

L'ABRÉGÉ DE MA V...

UNE PARTIE

DE

L'ABRÉGÉ DE MA V...

O temps heureux de mon enfance !

Où la joie et la turbulence

Guidaient mes plaisirs innocents,

Vous êtes passés, doux moments !

Moments de vrai bonheur ! de beaux jours sans nuage,

Vous comblez de vos dons les plaisirs du jeune âge.

Bienheureux âge d'or, pour moi, vous n'êtes plus !

Les chagrins, les soucis, par degrés sont venus.

Je les connus d'abord au moment de m'instruire :

J'avais peine à comprendre, et n'aimais point à lire ;

J'étais peu raisonnable à l'âge de huit ans :

Ma poupée et le jeu c'était mon passe-temps.

Mon père, peu content de mon enfantillage,

Me mit en pension : pour moi quel esclavage !

Adieu mes chers plaisirs, mes caprices d'enfant;

Il fallut les quitter; mais ce fut en pleurant.

Mes maîtresses d'abord me voyant très-craintive,

Réussirent sans peine à me rendre attentive

Aux devoirs de la classe, à ce que j'apprenais ;

Mais réciter par cœur, souvent je me trompais.

Malgré mon bon vouloir, j'avais la tête dure,

C'était peu de ma faute, ici je vous l'assure.

L'orthographe surtout ne pouvait s'incruster ;

Dans mon léger cerveau rien ne voulait rester.

Mais ma persévérance animait ma mémoire ;

A force de travaux, je gagnai la victoire.

Mon petit amour-propre en était satisfait :

Je n'en avais pas mal, on me le reprochait.

J'étais même orgueilleuse, ici je le confesse,

Pour ce vilain défaut, bien souvent ma maîtresse

M'imposa des devoirs et des punitions.

Combien mon jeune cœur sentait d'impressions !

Car ces peines toujours me causaient des alarmes.

La honte me prenait, mes yeux versaient des larmes,

Mes compagnes riaient, se moquaient de mes pleurs :

Quelques-unes pourtant partageaient mes douleurs.

Je murmurais tout bas, me trouvant offensée ;

Par bonheur la raison conseillait ma pensée ;

Aussitôt je chassai mon défaut loin de moi.

Dès lors il me quitta, ne me fit plus la loi,

Et ma communion que je fis, j'ose dire,

Avec tout le respect que la foi nous inspire,

Acheva de me rendre au gré de mon vouloir :

Celui d'être humble et bonne et ne m'en prévaloir.

On m'ôta du couvent sans être bien savante,

Sachant de tout un peu, mais au fond ignorante.

L'instruction jadis du sexe féminin

N'était pas très-profonde, on y tenait moins bien.

Enfin me voilà donc au sein de ma famille,

Non pas près de ma mère ; hélas ! sa chère fille

Ne devait pas jouir d'un bonheur aussi grand ;

Lorsque je la perdis, j'étais encore enfant.

Mon père, à cette époque, occupait une place

Qui ne permettait pas qu'avec lui je restasse.

Son emploi le forçait souvent à voyager,

Il me chérissait trop pour vouloir m'exposer ;

Dès lors il me mena chez un oncle, une tante.

Combien je les aimais ! combien j'étais contente

D'habiter avec eux, de recevoir leurs soins !

.   .   .   .

.   .   .   .

Vous êtes dans le Ciel, que n'êtes-vous témoins

Des pleurs que je répands quand j'ai la souvenance

De toutes vos bontés, dès ma plus tendre enfance !

Oui, mon cœur vous révère au delà des tombeaux :

Ames de mes parents, ayez un doux repos !

.   .   .   .

.   .   .   .

Au printemps de mes jours, mon cœur plein de tendresse

Palpita bien souvent d'espérance et d'ivresse ;

Le doux plaisir de plaire à l'objet de mes feux

Me donnait du bonheur en comblant tous mes vœux :

J'aimais, et l'on m'aima d'un amour bien sincère,

Nous devions nous unir !.. mais, ô douleur amère !

Je ne peux y songer sans répandre des pleurs ;

Ma main tremble en traçant l'excès de mes malheurs !

Ce mari de mon choix, cet ami de l'enfance

Pour qui j'aurais donné jusqu'à mon existence,

Enfin, apprenez donc… destin par trop cruel !

L'honneur le contraignit de se battre en duel,

Pour d'injustes propos tenus contre son frère

Occupant une place au bureau de la guerre.

Hélas ! il succomba malgré tous les secours,

Accablé de souffrance en terminant ses jours.

A ces derniers moments, il me dit : Émilie,

L'injuste sort m'arrache une innocente vie ;

Mais je meurs près de toi, comblé de tous tes soins,

De ta pure tendresse, et je souffre bien moins.

Le flambleau de l'hymen entre nous va s'éteindre ;

La mort ainsi le veut ; elle est là pour m'atteindre.

Ne te désole pas quand je ne serais plus,

N'exhale point ta peine en regrets superflus :

Mais donne à ma mémoire un soupir, une larme ;

Peu-êttre que mon âme éprouvera du charme.

Il expira de suite, et son dernier soupir

Alla jusqu'à mon cœur sans me faire mourir.

. . . .

. . . .

J'employai mon courage après ce coup terrible,

Et surtout ma raison le plus qu'il fut possible ;

Ils calmèrent mes sens, me firent entrevoir

Que des jours plus heureux combleraient mon espoir.

Mon père et mes parents, chez qui la bienfaisance

Donnait à mes besoins une tendre assistance,

Avaient tout employé pour faire mon bonheur ;

Croyant y parvenir, causèrent mon malheur,

Par le choix d'un époux d'un extérieur aimable,

Fait pour plaire et charmer par son air agréable ;

Mais, hélas !.. tous ces dons peuvent-ils remplacer

Un cœur enclin au mal et n'aimant qu'à changer ?

Je l'acceptai pourtant dans la ferme espérance

De le faire changer, de fixer sa constance ;

Je me disais alors : Puisque je l'aime bien

Il m'aimera de même et sera mon soutien.

Je ne balançai plus, je fus même contente,

Et désirai l'instant pour combler mon attente.

Le mariage enfin nous lia tous les deux [1],

Et le prêtre reçut nos serments et nos vœux.

Au pied du saint autel humblement prosternée,

Sa vénérable main bénit notre hyménée.

Il nous tint un discours sage et plein de ferveur :

Ses conseils excellents doublèrent mon ardeur.

Dans mon recueillement je priai notre Père

De répandre sur nous sa bonté salutaire,

De guider mon mari dans le sentier du bien,

Le rendre digne en tout de son secours divin.

Nos parents, nos amis, dans ce jour d'allégresse,

Étaient tous très-joyeux, démontraient leur ivresse.

Notre noce fut belle, et les jeux, les plaisirs

Régnèrent dans ces lieux au gré de nos désirs :

[1] J'avais dix-sept ans.

On chanta notre hymen, l'on combla mon attente
Par de jolis cadeaux dont je fus très-contente.
Rendue en ma maison sous le toit conjugal,
Je redoublai de soin pour que jamais le mal
Ne vienne nous troubler en aucune manière.
Rien ne rebute un cœur aimant et qui veut plaire ;
J'aurais tout employé ;.... mais, hélas ! mon époux
N'aimait que les plaisirs, le jeu, les rendez-vous.
Sept semaines après mon triste mariage
Je n'entrevoyais plus que chagrins en partage ;
Et les ans s'écoulaient sans changer ses défauts ;
Ses parents l'accusaient, il les traitait de sots.
Quand parfois un reproche, où régnait ma tendresse,
Lui faisait voir combien j'étais dans la tristesse
De le savoir toujours au sein de ses plaisirs,
Négligeant ses devoirs et fuyant mes soupirs.
Cependant il m'aimait, je me plais à le croire ;
Mais ses goûts habituels remportaient la victoire.
Là je vis mon malheur sans oser en parler :
L'espérance venait parfois me consoler,

Elle me soutenait dans ma douleur profonde,

Sans cependant pouvoir cacher aux yeux du monde

Ma santé chancelante, et mon air languissant

Ne laissait que trop voir mon pénible tourment.

. . . .

. . . .

Perdant l'illusion qui donne tant de charmes,

Mon reste de bonheur se noya dans mes larmes ;

Mais enfin j'étais mère et ce titre divin

Alimentait mon cœur pour calmer mon chagrin.

De mon fils bien-aimé le charmant caractère

Adoucissait parfois les rigueurs de son père ;

Ma fille maladive avait recours aux pleurs,

C'était son reconfort, pauvre enfant de douleurs !...

Que de fois sur mon sein je les mis tous les deux !

Oh ! combien aussitôt mon cœur était heureux !

Tendresse maternelle, élan de la nature,

En vous tout est divin, rien n'est à l'imposture.

O sublime amitié ! que vos baisers sont doux !

Rien selon moi ne peut se comparer à vous ;

N'êtes-vous pas la source immense et salutaire

Où l'on goûte à longs traits le bonheur d'être mère !

Car sans votre secours aurais-je pu jamais

Affranchir des tourments portés jusqu'à l'excès ?

Quand le vin, les liqueurs dont la surabondance

Excitaient mon époux à toute la démence ;

Ne connaissant plus rien dans son emportement,

Il devenait à craindre, insensible et méchant.

. . . .

. . . .

Je supportai dix ans cette pénible chaîne,

Ayant très-peu pour vivre et toujours dans la gêne ;

Mais j'avais par bonheur deux excellents parents

Qui fournissaient au soin de mes charmants enfants.

Enfin, je me restreins sans cependant médire,

Par respect pour sa cendre, il ne faut pas tout dire :

J'en ai même trop dit ; mon Dieu, pardonne-moi,

Prends pitié de ce cœur qui s'abandonne à toi.

Il n'est point ulcéré dans aucune manière ;

Il mérite ta grâce, ou du moins je l'espère.

Si ta sage justice a voulu me punir,

C'est que probablement je devais la subir.

Enfin il a fallu, malgré tout mon courage,

M'éloigner à jamais de mon triste ménage.

J'avais perdu mon père aussitôt mon hymen,

Son secours me manquait pour me tendre la main :

Pour venir à mon aide en ce temps de détresse,

Faire changer mon sort, dissiper ma tristesse.

Mais qu'aurait-il pu faire auprès de mon époux

Qui pour le moindre mot se mettait en courroux.

Tous les sages conseils que lui donna sa mère

Ne le firent changer en aucune manière.

Elle m'aimait beaucoup ainsi que mes enfants ;

Nous étions pour lui plaire affables, complaisants.

Pour son juste amour-propre, on conçoit la disgrâce

De savoir que son fils ne tenait point sa place,

En se livrant par trop avec des gens de rien

Qui le flattaient pour mieux dissiper notre bien.

Ces soi-disants amis contents de leur aubaine,

Pour puiser dans sa bourse y parvenait sans peine:

Dès lors de bons conseils donnés par nos parents,

Délibérèrent tous d'abréger mes tourments ;

Mais de quelle manière ?..... ah ! je n'ose le dire :

Car employer les lois, c'est matière à médire.

. . . .

. . . .

O vous qui me lisez, par grâce, croyez-moi.

Combien mon triste cœur fut brisé par l'effroi,

En songeant qu'il fallait employer la justice,

Pour rompre notre hymen, me rendre accusatrice ;

Mais ma position m'ordonna cet excès,

Et je parvins sans peine à gagner mon procès.....

Mon mari garda tout : car le chef est le maître :

Mes effets et ma dot, il fit tout disparaître.

Il nous restait pourtant soixante mille francs ;

Tout fut perdu pour moi, mais j'eus mes chers enfants.

Ma belle-mère outrée en voyant ma misère,

Arrêta ce malheur, de façon, de manière,

A placer mon avoir sur sa propriété,

Dont je touchais la rente avec intégrité.

Je sentis ma santé revenir à mon aide ;

Le calme et l'espérance est un bien bon remède :

Auprès de mes enfants, pour consolation,

Je gouttais à longs traits leur tendre affection.

La douceur de mon fils, son naturel aimable

Me procurait sans cesse un plaisir véritable.

Quant à ma chère fille, ô grand Dieu de bonté !

Que de tourments sans fin sur sa frêle santé !

C'était l'enfant chéri, choyé par ma tendresse ;

Mais l'un et l'autre avaient chacun une caresse.

Combien j'étais heureuse auprès de mon trésor !

Car ils étaient pour moi plus qu'une mine d'or.

J'en étais égoïste, et, semblable à l'avare,

Je ne les quittais pas, crainte qu'on m'en sépare.

.   .   .   .

.   .   .   .

Je perdis mon mari, ma belle-mère aussi,

Dans le cours de quatre ans : Dieu le voulut ainsi.

Veuve à trente-deux ans, dans une riche aisance,

On rechercha ma main, même avec insistance.

Rien ne put me charmer, renonçant à l'hymen,

Le flambeau de l'amour pour moi s'était éteint.

Heureuse mille fois dans mon doux esclavage,

Mon cœur à mes enfants n'en voulait davantage.

Assidue à former leur éducation,

J'eus des maîtres chez moi pour leur instruction ;

Rien ne fut épargné, le dessin, la musique :

Mon fils charmait les sens par sa voix angélique ;

Ma fille, à son piano l'acconpagnait souvent,

Je chantais bien aussi, je le dis humblement ;

Nos voix étaient d'accord ; les duo, la romance,

Tout nous plaisait enfin, sans nulle préférence ;

Et nos réunions venaient avec plaisir,

Danser la contredanse et se bien réjouir.

Les papas, les mamans étaient de la partie,

Contents de partager la gaîté, la folie ;

Et l'essaim de jeunesse, aux charmes tout naissants

Dansait à qui mieux mieux des quadrilles charmants !

Ajoutez à cela, pour compléter la fête,

Une collation se trouvait toute prête ;

Combien mes chers enfants éprouvaient de bonheur :
Leur satisfaction faisait battre mon cœur.

. . . .

Temps mille fois heureux ! je pense à vous sans cesse,
Et votre souvenir dissipe ma tristesse.
Ma fille, atteignit l'âge où le dieu de l'hymen
Lui donna le désir de former un lien.
Je ne le voulais pas : sa santé chancelante
M'imposait le devoir de tromper son attente ;
Mais hélas ! j'eus beau faire, elle aimait malgré moi,
Un jeune ambitieux qui lui jura sa foi,
De l'aimer constamment, de soigner sa personne,
D'avoir beaucoup d'égards pour elle, douce et bonne.
Tous ces jolis discours ne purent me charmer ;
Je prévoyais le mal, et je n'osais m'armer.
Pour l'éloigner de nous, en tout point le combattre,
Se fâcher et crier, faire le diable à quatre.

. . . .

Le sort était jeté : l'on passa le contrat ;
L'argent fut déposé: comme il le savoura ! !

Il épousa ma fille, hélas que j'eus de peines !

Car tout me démontrait de bien pesantes chaînes.

Je ne me trompais pas : cet homme artificieux,

L'intérêt seul guidait tout son être vicieux.

Pour comble d'infamie, il habitait sans cesse

Avec sa belle-sœur, son ignoble maîtresse,

En délaissant ma fille, et ne lui donnant rien :

Le travail de l'aiguille était tout son soutien.

. . . .

. . . .

Mon malheureux enfant ne voulait me rien dire;

Sa résolution était de se détruire.

Juste ciel ! quand j'appris ce terrible projet,

Je courus auprès d'elle en arrêter l'effet.

Là, mon cœur tout entier exhala sa tristesse,

Et mes embrassements, mon extrême tendresse ;

Alors, sans différer, elle quitta les lieux

Qui retraçaient sa peine et son époux odieux.

Je ne réclamai rien, tant mon âme oppressée

Paralysa ma voix pour dire ma pensée ;

Sans y porter obstacle, il la laissa partir.

Ne montrant ni regret, ni même un repentir.

. . . .

En la prenant chez moi ma joie était complète.

Sans cesse à mes côtés, je n'étais plus inquiète.

Souvent elle disait : Maman pardonne-moi

De n'avoir pas suivi toujours ta douce loi ;

Mais Dieu me punit bien ; ma désobéissance

Me causera la mort : je la vois qui s'avance.

Elle perdit sa dot ainsi que son butin ;

C'était ma moindre peine ; en elle était son bien.

Hélas ! je la voyais de plus en plus souffrante :

Chaque jour détruisait sa santé défaillante ;

Ses beaux yeux languissants, voilés par la douleur,

Me faisaient trop connaître un surcroît de malheur.

Il venait à grands pas ce moment si terrible :

J'en redoutais l'instant pour mon cœur tant sensible.

. . . .

Un jour elle me dit : Ne pleure pas ma fin,

Elle abrège mes maux et change mon destin :

En quittant cette terre, il m'est bien doux de croire

Que le Dieu de bonté chez qui je mets ma gloire,

Consolera mon âme, aura pitié de moi,

Quand il aura jugé ma croyance et ma foi.

J'étais anéantie en ce moment suprême ;

Mes sanglots seuls disaient mon désespoir extrême.

. . . .

. . . .

J'eus son dernier baiser et son dernier soupir :

Grand dieu ! vous le savez, je désirai mourir.

Mais vous me réserviez une perte semblable :

Mon fils devait la suivre. O sort inexorable !

Quand je songe parfois à tous mes grands malheurs,

Je me sens défaillante, et je verse des pleurs.

Ma fille m'avait dit que je l'ensevelisse :

Avec un grand respect j'ai fait ce pieux office ;

Elle avait vingt-cinq ans, bon ange de douleur !

Repose dans le ciel auprès du Créateur.

. . . .

. . . .

Il me restait mon fils pour soulager ma peine.

Je renaissais dans lui, sa vie était la mienne :

Car sans ses tendres soins, sa sincère amitié,

Je serais devenue un être de pitié.

Enfin, je surmontai cette perte si chère,

Puisque j'avais encor le bonheur d'être mère,

Et ce titre sacré venait à mon secours,

Plaider pour mon cher fils, pour conserver mes jours.

. . . .

. . . .

Comme il était charmant, j'en étais orgueilleuse ;

Mes amis me disaient vous êtes bien heureuse.

Sa bonté, sa douceur, et son instruction,

Qui le guident toujours sans ostentation,

Le mèneront fort loin, vous pouvez bien le croire.

Si j'avais un tel fils, sûr, il ferait ma gloire.

Dans ces discours flatteurs régnait la vérité ;

Mon sein battait d'ivresse avec sécurité.

Je le pensais comme eux ; mais je n'osais le dire :

Ma croyance en ce cas devait seule suffire.

Du profond de mon cœur je priais tous les dieux

De vouloir me laisser ce que j'aimais le mieux.

L'espace de deux ans j'en eus la jouissance,

Sans craindre que le sort trompât mon espérance.

Nous étions si contents dans notre intimité !

Je voyais tout en beau, tout en réalité.

Mon fils pensait de même, et son cœur plein d'ivresse

Bercé par l'espérance, elle y régnait sans cesse ;

Mais, hélas ! ce bonheur allait s'anéantir.

Le choléra... grand Dieu ! que n'ai-je pu mourir !

Mais non, ce fut mon fils [1], mon cher fils adorable.

O chagrin éternel ! ô perte irréparable ! !...

. . . .

. . . .

Après ce coup mortel, ne redoutant plus rien,

Mon seul désir était une prochaine fin.

Pour moi la vie était insipide, inhumaine,

Puisqu'en la conservant je conservais ma peine ;

Ma peine bien profonde, ulcérée à jamais,

Étant, privée hélas ! de tout ce que j'aimais :

[1] A vingt-un ans.

Car mon destin cruel semblait prendre pour tâche

De déchirer mon cœur sans pitié ni relâche.

Cherchant la solitude et répandant des pleurs,

Mon âme offrait à Dieu mon chagrin, mes douleurs.

Secours des malheureux, implorant l'assistance

D'un Maître tout-puissant, juste dans sa clémence.

Enfin, grâce à son aide, et la religion

Qui commande à nos cœurs la résignation,

Elle fit naître en moi la force et le courage

De suivre le destin, de supporter l'orage ;

De braver le torrent où le sort nous conduit,

En ne m'inquiétant si le malheur me suit.

N'ayant plus mes enfants, mais possédant leur tombe,

Je vais avec respect, avant que je succombe,

Prier avec ferveur sur leurs restes chéris,

Et demandant à Dieu pour eux son paradis.

Je me sens soulagée après cette prière,

Elle donne à mon cœur un baume salutaire ;

Je quitte ce séjour avec plus de gaîté ;

Ma résignation chasse l'adversité.

Dans ce lieu des tombeaux j'ai fait une élégie :
Là, mon âme, sans art, gagne de l'énergie.

. . . .

. . . .

ÉLÉGIE

PRÈS DU TOMBEAU DE MES ENFANTS.

Me voilà, mes enfants, je suis auprès de vous,
Sur cette terre humide humblement à genoux,
Ayez un saint repos, dans la joie éternelle,
Que les anges toujours vous couvre de leur aile,
Par leur douce assistance en ce lieu de bonheur
Ils vous protégeront auprès du Créateur ;
Que leur souffle céleste électrise vos âmes,
Embrase vos esprits de leurs divines flammes.

. . . .

. . . .

Que ce tombeau glacé ne s'affaisse jamais,

Qu'il respecte la cendre où régnaient vos attraits.

La mort les moissonna, rien ne la rend sensible;

Sa faulx toujours levée à son ordre est flexible ;

Pour moi qui vis encore après bien du chagrin,

De peines de ménage et de tourments sans fin.

Je viens me consoler dans ce champ solitaire,

Ce séjour des mortels a des droits pour me plaire ;

Il renferme un trésor que je couvre de fleurs

Qui sont presque toujours humides de mes pleurs.

Heureuse mille fois, croissant à votre ombrage

Pouvoir par leurs parfums vous rendre un pur hommage,

Passer auprès de vous de la vie à la mort,

Que n'ai-je ce bonheur ! que j'envie un tel sort!..

  . . . .

  . . . .

On me voit bien souvent visiter votre asile;

C'est mon temple sacré; là, mon cœur est tranquille :

Il s'occupe de vous et vous parle tout bas :

Vous venez à ma voix, je distingue vos pas;

Mon sein palpite d'aise en ce moment suprême ;

J'oublie enfin mes maux, retrouvant ce que j'aime.

O chimère chérie ! excès de mon amour ,

Illusionne-moi jusqu'à mon dernier jour !

Pour que je puisse croire, en perdant la lumière,

Qu'ils sont là tous les deux pour fermer ma paupière,

Accompagner mon corps à l'église, au tombeau,

Pour ne plus former qu'un dans le même caveau.

. . . .

. . . .

AUTRE ÉLÉGIE A MA FILLE.

Toi que j'ai tant aimée et qui n'existes plus,

A l'empire des morts, tes restes sont rendus.

Ta mère, en ce moment de profonde tristesse,

Se rappelle ce jour cruel pour sa tendresse

Où je vis s'éclipser le flambeau de tes yeux :

L'approche de la mort était peinte sur eux ;

Tu ne me voyais plus à ton dernier moment ;

Mais ton cœur me disait : Pardonne à ton enfant.

A genoux, près de toi, mon âme déchirée,

J'admirais en pleurant ta personne adorée ;

Anéantie, hélas ! par ma grande douleur,

Je ne voyais partout que l'excès du malheur.

Mes sanglots étouffés, mes lèvres haletantes,

T'exprimèrent ces mots, paroles consolantes :

Ma fille, je t'absous, et surtout te bénis,

Et désire que Dieu t'ouvre son paradis...

.   .   .   .

.   .   .   .

Dans ce séjour des morts, va retrouver ton frère [1];

Dis-lui qu'autant que toi, je l'aimais bien, ma chère ;

Que le même tombeau vous réunit tous deux ;

Cette triste assurance est sans prix à mes yeux ;

Que ce fut le typhus, cette peste exécrable,

Qui moissonna ses jours et sa personne aimable.

[1] Mon fils croyait que j'avais de la préférence pour sa sœur.

Dis-lui, combien mon cœur en proie à son chagrin

A tes derniers moments te pressait sur ton sein !

De nous, ce qui lui reste est hélas ! peu de chose,

Nos cheveux seulement que de pleurs elle arrose ;

Ces gages précieux sont pour elle un trésor

Qu'elle ne veut quitter, pas même après sa mort.

Telle est aussi sa volonté et sa croyance,

Qu'on exécutera ce qu'elle écrit d'avance.

Sa place est près de nous dans ce tombeau glacé,

Son corps, au premier jour y sera déposé.

SONGE DE MA FILLE.

Ton ombre est près de moi, ma fille tant chérie,

Pour apaiser ma peine et tenir à la vie.

En songe, elle est venue éclatante d'attraits,

Prosternée humblement, m'adorant à l'excès,

Belle de modestie et la tête baissée,

M'exprimant le bonheur d'occuper ma pensée ;

Son souffle maladif s'exhala dans mon cœur,

Puis elle dit : Maman , je n'ai plus de douleur,

Tout est fini pour moi ; mais le Dieu de clémence,

Ce Dieu de l'univers, me donne récompense ;

Dans son palais divin j'ose, par ses bontés,

Mêler ma douce voix aux cantiques chantés.

Au pied d'un saint autel, je l'adore sans cesse ;

Pour prix de ma ferveur, son extrême tendresse

Me dit : Va voir ta mère.... assure-lui surtout

Que l'âme est immortelle, et que lui seul absout.

Qu'elle ne craigne pas qu'engloutie en la terre,

Son âme l'accompagne et devienne poussière.

Non, un si grand chef-d'œuvre est son unique bien :

Hors de son enveloppe elle est à lui sans fin ;

Qu'elle se rende digne en venant vers son Maître

De se trouver sans tache au moment de paraître ;

Qu'elle se purifie avant que de mourir

Par un regret sincère, un profond repentir,

De l'avoir offensé, sans craindre sa colère,

Qu'elle implore sa grâce, à genoux, en prière.

C'est alors qu'avec joie en concert glorieux

Son palais s'ouvrira pour l'avoir dans les cieux.

Après elle me dit, adieu ma bonne mère,

Je vais dans des climats plus heureux que sur terre

Contempler à loisir le grand Dieu des croyants

Plein de bonté sans fin dans tous ses jugements.

AUTRE SONGE DE MES ENFANTS.

Un songe bien flatteur, la veille de ma fête

Me fit voir mes enfants qui couronnaient ma tête.

Le myrthe et l'immortelle offraient à mon regard

Un éclatant bandeau fait par la main de l'art ;

Leur chant mélodieux exprimait des louanges

Que l'on ne dit sur terre à moins d'être des anges.

Dans ce moment suprême, en contemplation,

Je répandais sur eux ma bénédiction ;

Ma fille avec ivresse admirait ma personne,

A son frère disait : Comme elle est digne et bonne !

Chérissons-la toujours quoique étant dans les cieux ;

Notre Père l'ordonne, et m'a dit : je le veux ;

Je veux que quelquefois vous alliez auprès d'elle,

Lui peindre le bonheur de la joie éternelle ;

Bercer son doux sommeil par des jeux et des ris

Que procure mon Être à ceux que je chéris...

. . . .

. . . .

Enlacés dans mes bras, mon cœur battait d'ivresse,

Mais mon fils, au contraire, avait de la tristesse :

Car il me dit : Ma mère, en ce monde je crains

Que ta vieillesse soit en butte à des chagrins.

Le bonheur de la terre est un tissu de peine

Dont nul mortel ne peut jamais rompre la chaîne.

Viens avec nous, ma mère ; au ciel on est heureux

La joie et le bonheur est partout dans ces lieux.

ÉLÉGIE SUR MA FILLE.

Songe rempli d'attraits ! ombre que je revère !

Tu t'échappes sitôt que j'ouvre ma paupière ;

N'es-tu pas mon bon ange, errant dans mon réduit,

Qui me guide le jour, et me berce la nuit ?

Sans cela, mon sommeil agité quelquefois,

Oppresserait mon cœur par de tristes effrois ;

Quand je songe à la mort, je la vois, je l'évite,

Je m'éloigne loin d'elle, et je crains sa poursuite.

Dans ce moment suprème, éveillée en sursaut,

Il me semble t'entendre et me dire aussitôt :

Pourquoi tant de frayeur, ma bonne et tendre mère ;

Le bonheur est au ciel bien plus grand que sur terre.

Tu sais, de mon vivant, je désirais la mort,

Pour abréger mes maux, mettre fin à mon sort.

Le divin Créateur a pris pitié de moi ;

Je suis dans son empire, et je sers ce bon Roi !

Suis mon exemple en tout, que ta crainte se calme,

Mon ombre auprès de toi t'exhalera son charme,

Fera vibrer ton cœur d'un désir renaissant

Pour venir me rejoindre auprès du Tout-Puissant.

Adieu, jusqu'à bientôt ; clos ta douce paupière,

Mais avant ton sommeil offre à Dieu ta prière.

.   .   .   .   , ...

.   .   .   , ...

SONGE DE MA FILLE.

Je plane auprès de toi, semblable à l'hirondelle

Qui retrouve son nid tout en battant de l'aîle.

Dans mon lointain séjour et depuis si longtemps,

Rien ne m'empêche, hélas ! d'exprimer mes accents.

Je viens dans ton sommeil animer ta pensée,

Procurer à ton âme, ô toi, tant délaissée !

Des songes pleins d'attraits allant jusqu'à ton cœur

Faire vibrer tes sens par l'excès du bonheur.

En songe le bonheur est pur et sans nuage :

On savoure à longs traits les plaisirs du jeune âge.

Je ne te dirai pas : Songe au dieu des amours ;

Je craindrais chère mère, obscurcir tes vieux jours.

Tu l'as tant repoussé, cependant malgré toi,

Ton cœur plein de tendresse expira sous sa loi.

Ce Dieu de l'univers veut que dans notre vie

L'on encense son culte, on l'adore, on le prie ;

Et l'austère raison, malgré tous ses efforts,

Lui pardonne toujours l'inconstance et ses torts.

Adieu, chère maman, je retourne contente

Sur l'aîle des zéphyrs pour rentrer triomphante,

Au séjour des heureux prier avec ferveur

Pour que ta douce vie éprouve du bonheur.

ÉLÉGIE SUR MES ENFANTS.

Pourquoi vous éloigner, ombres que je révère !

Restez sans cesse auprès de votre tendre mère ;

Mes rêves enchanteurs vous transportent toujours

Sur mon sein maternel comme dans mes beaux jours.

Temps mille fois heureux ! je vous retrouve en songe !

N'est-ce pas du bonheur qu'un aussi doux mensonge ?

Illusionnez-moi, mes enfants tant chéris!...

Dieu vous le permettra, vous êtes ses esprits.

.   .   .   .

.   .   .   .   , ...

Dans le sein du repos ma double vue aspire

A contempler vos traits, dans vos cœurs pouvoir lire ;

Ah ! venez à ma voix, venez, je vous attends :

Que je jouisse encor de ces divins moments.

Vos âmes près de moi me sembleront des anges

Qui viennent du Très-Haut m'exhaler les louanges,

Purifier ma personne : elle en a tant besoin !...

La rendre plus chrétienne, ah ! prenez-en le soin !...

Fortifiez mon esprit dans la ferme croyance

Des mystères sacrés de toute leur puissance...

Vous qui régnez au ciel, vos inspirations

Seront un baume pour mes imperfections ;

Venant de vous, enfants, je vous loûrai sans cesse,

Puisque j'aurai la foi pour bercer ma vieillesse.

AUTRE SONGE SUR MES ENFANTS

ET MON PÈRE.

Ne me réveillez pas, car je suis auprès d'eux !...

Laissez-moi mon bonheur, mon cœur dit : Je le veux.

J'entre avec mes enfants dans une humble chaumière ;

Dans ce simple réduit je retrouve mon père

Qui, depuis quarante ans, dans la nuit du tombeau

S'offre à moi comme étant l'ermite du hameau.

. . . .

Temblante et suffoquée, en ce moment suprème,

Je ne peux lui parler, tant mon trouble est extrême,

Son aspect vénérable exprime le chagrin,

Ses vêtements sont ceux d'un pauvre pèlerin :

Dans son humble tristesse il me dit : Chère fille !

Aimable rejeton, l'honneur de ma famille,

Toi que je délaissais lorsque j'étais vivant,

Pour suivre mes amours, je t'oubliais, enfant !

Ton enfance joyeuse aurait dû me complaire ;

Tes traits me retraçaient ceux de ta bonne mère

Qui perdit l'existence au printemps de ses jours,

Sans t'avoir prodigué quelque soin ni secours.

Soustraite de son sein aussitôt ta naissance,

Hors du toit maternel, l'on soigna ton enfance;

C'est dans cet intervalle où régna la douleur,

Qu'elle quitta la vie en pleurant ton malheur.

Il fut grand en effet : car toute ma tendresse

Fut muette pour toi, mais bien pour ma maîtresse.

Absous-moi, chère enfant, la rougeur de mon front

Te peint mon repentir demande ton pardon.

Pour te récompenser, regarde dans la plaine,

Vois ce palais brillant désormais ton domaine.

Apollon y séjourne ainsi que tous les dieux,

Pour fêter ta venue ils encensent ces lieux.

Va, ne diffère pas, accepte mon offrande;

Toi régnant dans ces lieux, sa valeur est plus grande.

.   .   .   .

.   .   .   .

Aussitôt le zéphyr plus prompt que mon vouloir,

Me mit dans ce séjour sans m'en apercevoir.

Là, mon être extasié par un si grand prestige,

Ne pouvait concevoir d'où venait ce prodige.

Calliope et Euterpe en me voyant venir,

En vers mélodieux chantèrent leur plaisir.

Dans l'Olympe on voyait jaillir une fontaine

Qui, coulant à gros flots, donnait de l'hypocrène.

Tous les dieux rassemblés dans ce céleste Eden,

Voulurent me connaître, et me presser la main.

Rouge de modestie, en tremblant je m'avance ;

Mon esprit imparfait redoutait leur présence.

Ne crains rien, me dit-on ; ta place est près de nous ;

N'es-tu pas femme auteur ? Le génie est pour tous.

Le Mont-Parnasse, amie, est le lieu des poëtes ;

Bien mieux que dans le monde on gagne des conquêtes.

Nous savons discerner l'homme d'un grand talent

Quand toujours les mortels en trouvent rarement.

Coule sur la censure, active ton génie,

Ton immortalité remplacera ta vie.

On vantera tes vers quand tu n'y sera plus ;

Car le destin te mène auprès de nos élus.

Ce que dirent les dieux agita tout mon être ;

Enfin je m'éveillai, le jour venait de naître.

Ce songe tant flatteur me donna de l'effroi,

Le trouvant trop sublime en avenir pour moi.

SUITE DE L'ABRÉGÉ DE MA VIE.

Trois mois après la mort de mes très-chers enfants,

L'Espagne m'emporta quarante mille francs.

Je supportai ce coup sans en être alarmée ;

D'un vouloir absolu sitôt je fus armée,

Pour me mettre au-dessus d'une perte d'argent,

Puisqu'il me reste encor pour vivre largement ;

Mes enfants n'étant plus, leur souvenir me reste :

La fortune sans eux, je n'y tiens, je l'atteste.

Je suis ma destinée en ne murmurant plus ;

Se plaindre du destin sont des mots superflus.

Semblable au matelot qui brave la tempête,

Je la supporterai, fût-elle sur ma tête.

N'est-on pas sur la terre obligé de souffrir ?
Pour aller devant Dieu, pouvoir y parvenir !
Notre religion nous le prescrit sans cesse,
Bienheureux le mortel qu'avec foi la professe.
Cette vertu chrétienne allége tous ses maux,
Sans redouter il va dans la nuit des tombeaux.

. . . .

. . . .

Ranime ma pensée, ô divine espérance,
Donne à mon âme tiède une ferme croyance ;
Sans chercher nullement en rien approfondir
Sur l'immortalité ce qu'on doit devenir.
Ce mystère sacré dont Dieu seul est le maître :
Respectons ce secret sans vouloir le connaître.

. . . .

. . . .

Maintenant que mon cœur n'est plus alimenté
Par l'amour maternel, bien douce volupté,
J'ai recours à la joie, elle est ma sauvegarde
Qui me tient compagnie en bonne camarade.

Je la conserve bien, ne la rebute pas,

Toujours son doux sourire a pour moi des appas.

Quand parfois la tristesse assombrit ma pensée,

Elle y séjourne peu, puisqu'elle est délaissée ;

Non pas pour le plaisir ; mais j'ai pour agrément

De ne point m'ennuyer dans mon appartement.

Le travail de l'aiguille, aussi la poésie,

Sont mes doux passe-temps, le charme de ma vie.

Ces moments me sont chers ; je souhaite toujours

Que le sommeil n'arrive en arrêter le cours.

Pourtant j'aime le monde, et souvent il m'amuse,

Son langage trompeur demande qu'on l'excuse :

Je ris de son caquet, et mêle un peu le mien

Pour ne contrarier cet excellent prochain ;

Mais au fond de mon cœur je hais la médisance :

C'est un défaut affreux qu'enfante la vengeance.

Nous en convenons bien sans nous en corriger

Notre désir le veut, sans pour cela changer :

Nous coulons là-dessus pourvu que dans le monde

Le luxe soit l'esprit, que la richesse abonde,

L'on est homme de bien, et l'on passe partout ;

Nos défauts sont charmants et d'un excellent goût.

. . . .

. . . .

Censeur qui me lisez, je vous vois en colère,

Contre mon jugement dire que j'exagère ;

Mais attendez un peu, lisez-moi tout du long,

Je pourrais bien peut-être obtenir mon pardon :

Car je porte intérêt autant que d'indulgence

Aux esprits orgueilleux et sans expérience

Qui se livrent par trop aux vains éclats trompeurs

De tous ces faux amis véritables flatteurs.

Sans s'en apercevoir au plus loin on les mène,

Mais au bout du chemin, ils rencontrent la peine ;

Les chagrins, les soucis, les suivent pas à pas,

Et tous leurs chers plaisirs n'ont plus pour eux d'appas.

Désillusionnés, le regret les excède ;

Comme il me serait doux de venir à leur aide !

Dans ce moment critique on voudrait bien trouver

Un cœur compatissant tout prêt à le prouver.

Je leur dirais : Amis, le mal est peu de chose,

C'est au contraire un bien dont j'explique la cause :

Vous avez pu juger à vos propres dépens

Ce qu'il en coûte pour hanter des intrigants ;

Maintenant vous devez connaître votre route,

La crainte de glisser vous retiendra sans doute.

Si dans votre parcours quelques mauvais pédants

Vous tenaient en arrêt par leurs faux jugements,

Laissez-les disputer, montrez-vous insensible,

Car les contrebarrer peut vous être nuisible.

A ces esprits fourchus faut des discussions,

Et l'on a toujours tort par de bonnes raisons.

. . . .

. . . .

Trouvons-nous satisfaits quand dans nos connaissances

Nous trouvons un bon cœur, chez qui les prévenances

Effacent les défauts : car nul n'en est exempt ;

Un peu plus, un peu moins, c'est que probablement

Nous devons être ainsi ; pour moi, c'est mon système :

Nous naissons imparfaits, nous finissons de même.

Dans mes réflexions, le passé s'offre à moi

Pour peindre mon veuvage en franc et bon aloi.

Mon cœur souffrait parfois; maintenant, quand j'y pense,

Il réveille aussitôt toute ma souvenance;

Je me trouvais heureuse en m'attachant vraiment

A l'esprit enchanteur d'un homme de talent.

Et mon orgueil de femme aiguisait ma tendresse,

Sans l'austère raison il voyait ma faiblesse :

Oh ! combien j'ai souffert, pour ainsi me dompter,

En refoulant mon cœur pour mieux m'exécuter !

Hélas ! qu'il est pénible auprès de ce qu'on aime,

De vouloir lui cacher ce qu'on dit à soi-même !

Notre sexe le veut, rigoureux point d'honneur !

Voilà donc votre loi, conduit-elle au bonheur?

La vertu le prescrit, son ordre est arbitraire,

Mais il faut lui céder lorsqu'on veut le contraire ;

Montrer l'insouciance ainsi que le dédain

Quand sans cesse le cœur brûle d'un feu divin !

Souvent on se repent d'avoir été trop sage ,

L'amitié ne veut pas un si dur esclavage.

Par mon aveu sincère on va mal me juger,

D'équivoques propos viendront me surcharger ;

Mais ma grande franchise exclut la médisance,

Étant ma sauvegarde elle prend ma défense.

. . . .

. . . .

Redoutant de porter les chaînes de l'hymen,

(Car celui que j'aimais aspirait à ma main) ;

L'effroi que j'éprouvais au mot de mariage

Me retraçait toujours mon ancien esclavage ;

Voulant ma liberté, je refusai son cœur,

Quand le mien répondait à toute son ardeur.

Enfin je l'éloignais, cet ami plein de charmes ;

Dès lors mon triste amour se noya dans mes larmes.

J'avais à cette époque encor quelques parents ;

Je reportai sur eux mes tendres sentiments ;

Mais longtemps son image eut sur moi de l'empire,

En me suivant sans cesse elle semblait me dire :

Vous m'avez éloigné pour prix de mon amour,

Je méritais, Madame, un plus tendre retour ;

Je croyais être aimé, mon âme en était vaine ;

De votre indifférence il faut subir la peine ;

Renonçant à vous voir : car tel est votre arrêt,

Donnez à ma mémoire un soupir, un regret.

. . . .

. . . .

Pour éloigner de moi cette idée accablante

Je cherchai le plaisir : il trompa mon attente,

Ne rencontrant souvent dans les bals et salons

Qu'hypocrisie, orgueil, pour des distractions,

Je riais cependant en dépit de moi-même,

Si c'est là du plaisir, jugez s'il fut extrême !

Tout ce superficiel rempli de fatuité,

Arrêta mon essor dans la société.

La prudence me dit : Ne fais pas trop connaître

Ta façon de penser ; car on pourrait peut-être

Blâmer ton jugement, contredire tes mots ;

Ecoute leur babil, ne parle qu'à propos :

C'est le plus sûr moyen d'éviter la critique ;

Le monde est ainsi fait, il est méchant, caustique ;

L'esprit est refoulé par ces précautions,

Le flegme s'en saisit dans ses occasions ;

Moi, j'aime un libre essor dans une causerie :

Là, je parle sans fard et sans pédanterie.

Pour atteindre ce but ne faut pas le chercher :

Dans le brouha du monde il aime à se cacher.

. . . .

. . . .

Connaissant des salons à fond le ridicule,

Je les quittai sans peine et sans aucun scrupule,

Reportant mes plaisirs près de quelques amis ;

Notre franche gaîté détourne les soucis.

Sans faste, sans orgueil, nous sommes à notre aise,

Nous taquinant un peu sans que rien ne déplaise.

Les plus sages parfois viennent nous sermoner ;

Pour prix de leurs discours nous leur rions au nez.

Mon esprit est jovial, même un peu satirique :

C'est presque toujours moi qui donne la réplique.

Il était survenu, sans m'en apercevoir,

Un ancien don Juan comptant sur son pouvoir ;

Le cher homme croyait qu'en m'offrant son hommage,

Son regard enflammé, son doucereux langage,

Je pourrais accueillir tous ses frais amoureux

Sans y porter obstacle; écouter ses aveux :

Il se trompait pourtant; je le prévins de suite;

Le plus honnêtement…. je craignais sa poursuite.

Alors, peu satisfait, son orgueil irrité,

M'apprit qu'il se riait de ma sévérité;

Qu'il ne redoutait pas toutes mes railleries.

Mais voulant mettre un frein à ses pédanteries,

Je lui fis parvenir un petit billet doux

Qu'il méritait d'avoir, sans craindre son courroux;

Le voici mot pour mot : il n'est pas très-aimable;

Le style est peu flatteur, encor moins charitable.

Pourquoi vouloir m'aimer? me connaissez-vous bien?

Vous ne craignez donc pas ma froideur, mon dédain !

Vos compliments flatteurs, loin de m'être agréables,

Me démontrent assez qu'ils sont peu raisonnables.

Allez porter plus loin votre brûlant amour ;

J'en dédaigne la flamme ainsi que votre cour.

Dans le monde on vous voit recherchant des conquêtes :

Mais vous oubliez donc ce qu'à présent vous êtes.

Vous voulez malgré tout jouer le jeune amant ;

Ce rôle vous sied mal, Vénus vous le défend.

Lorsqu'on a bien des ans parcouru la carrière,

L'amour fuit loin de nous, il nous laisse en arrière.

Pratiquez mes conseils, afin que vos vieux jours

Coulent tranquillement sans en ternir le cours ;

Ainsi ne nous voyons que comme connaissance ;

Avec cette amitié que veut la bienséance.

ETUDE DE MOEURS

SUR UN JEUNE HOMME QUE J'AI CONNU, AINSI QUE LA FAMILLE
DE LA JEUNE PERSONNE QUE JE CONNAIS.

Je connais d'un pédant les mœurs, le caractère,

Rien ne peut le flatter, rien ne peut lui complaire,

Si ce n'est que de voir tous les chagrins qu'il fait ;

Là, son cœur se dilate, et se croit satisfait.

Va-t-il dans un salon, sitôt la médisance,

Sous un masque trompeur, cache tout ce qu'il pense ;

Mais sa bouche malgré sa circonspection

Lance des mots avec preméditation.

Son sourire, à la fois badin et satirique,

A vos justes propos exprime une réplique ;

Il veut avoir raison ; si vous ne lui cédez,

De sarcasmes toujours vous serez excédés.

Dans son raisonnement, l'orgueil et l'insolence

Lui donnent les dehors d'un homme d'importance;

Il en joue à grands frais les beaux airs et le ton ;

Nulle note n'échappe à cet apôtre bon.

.   .   .   .

.   .   .   .

Parle-t-on d'un auteur ? là, sa verve s'anime,

Son sot esprit mordant sur ses œuvres s'escrime,

Épiloguant les mots, les tournant de travers,

Prononce en pérorant qu'il fait de mauvais vers.

Que sa prose pourtant gagne quelques suffrages,

Mais que tout réuni ne mérite d'hommages.

Ayant bien discuté sur différents auteurs,

Il laisse le champ libre et se dirige ailleurs.

. . . .

. . . .

Près d'un groupe charmant, ce cher fashionable

Arrive à pas comptés, prend son air agréable ;

Car il aime le sexe et croit en être aimé,

Comptant sur son pouvoir, son cœur en est charmé.

. . . .

. . . .

Il n'en est rien pourtant ; on le fuit, on l'évite,

Craignant son caractère et sa langue maudite.

Dans l'accueil qu'il reçoit il voit de la candeur ;

Sans quitter la partie il veut être vainqueur.

Pour venir à son but, ce galant plein d'astuce,

Emprunte de l'amour les serments et la ruse ;

Les larmes, les soupirs, suivent ses beaux discours,

Et jure sur l'honneur qu'il aimera toujours....

. . . .

Quelques femmes, je crois, tombèrent dans le piège :

Que de chagrins, hélas ! causés par son manége !

Sans s'en inquiéter, cet adroit tacticien,

Dissimule ses torts, l'audace le soutient,

Le conduit sous le toit d'une riche famille.

Le sort en est jeté, sûr, il aura la fille,

Jeune et charmant objet, naïve et sans détour,

Dont le cœur excellent est pur comme un beau jour.

Que d'attraits pour son art et pour son espérance

Elle le mène au but dans cette circonstance.

C'est une bonne aubaine ! Aussi ce cher galant

Lui peint en traits de feu son amour délirant ;

Sa vive passion, garant de sa tendresse,

Pour ses divins appas qu'il aime avec ivresse.

Cet aveu la ravit ; sitôt l'aimable enfant

Accepte son amour ainsi que son serment.

Sensible à ses soupirs, son âme tout entière

Se livre avec bonheur au plaisir de lui plaire.

. . . .

Au comble de la gloire, il en veut encor **plus**;

Que la pauvrette enfin n'oppose aucun refus,

Se donne toute à lui; dans la douce assurance

D'unir son sort au sien, son unique espérance.

Semblable à la colombe, aimante pour toujours,

Qui fait battre son aile auprès de ses amours ;

Elle n'épargne rien, sa tendresse est extrême :

Le voir et le chérir est tout son bien suprême.

. . . .

. . . .

Mais comment pouvoir dire à son père excellent

Que son cœur est donné sans son assentiment ?

A sa mère elle avoue à genoux sa faiblesse,

Tous ses égarements, son manque de sagesse ;

La nouvelle est affreuse : aussi son triste front

Se courbe jusqu'à terre, en craignant un affront.

. . . .

. . . .

Son pardon est écrit dans le cœur de sa mère ;

Son intercession obtiendra de son père

De l'unir à jamais à l'époux de son choix,

Que l'amour maternel réclame tous ses droits.

Tremblante de bonheur, cette rose flétrie

Inonde de baisers sa mère tant chérie.

Comptant sur son secours, sitôt ses légers pas

La mènent sans tarder dans un lieu plein d'appas.

Là, près de son amant, sa voix douce et flexible

Lui donne pour certain leur union possible.

Il n'en est point surpris, trouverait étonnant

Que pour leur hyménée on mît empêchement.

. . . .

. . . . , ...

Certain de son succès, sûr de son entreprise,

Il va d'un air joyeux, que l'audace autorise,

Chez les dignes parents ; là, d'un ton mielleux

Déclame son savoir, ce qu'étaient ses aïeux :

Et quoique sans fortune, il ose bien prétendre

Ne pas démériter l'honneur d'être leur gendre ;

Que leur aimable fille a su toucher son cœur ;

Le refus de sa main ferait tout son malheur.

La prendre pour épouse est son unique envie ;

Veut consacrer ses jours pour embellir sa vie.

Après ce beau discours on l'accepte aussitôt :

L'honneur de la famille ordonne qu'il le faut.

Mille fois trop heureux, cet avocat sans cause,

De très-peu qu'il était, le voilà quelque chose.

. . . .

. . . .

Je vis ce mariage avec bien du chagrin :

J'aimais la bonne Adèle et lui voulais du bien.

Mais, hélas ! plût à Dieu que mon expérience

Ne réalisât pas mes doutes, ma croyance !

La suite me l'apprit par de tristes aveux

Donnés par les parents en me trouvant chez eux.

Là, le cœur de la mère embrasé de tendresse,

S'épancha dans le mien, me disant sa tristesse.

Combien elle souffrait pour son enfant chéri

En butte au caractère affreux de son mari.

N'étant jamais content, grondeur insupportable ;

Par sa fatuité trouvant tout détestable.

Exigeant, comme maître, avoir dans sa maison

Equipage et laquais pour se donner un ton.

S'il n'eût fallu que ça, leurs moyens de richesse

Pouvait sans les gêner prendre cette largesse.

Jouir de ce brillant sans faste ni flatteurs

Ne charma son orgueil, qui voulait des honneurs...

. . . .

. . . . , . .

VOICI LES HABITUÉS DE SES SALONS.

Sitôt des grands concerts, des bals, des soirées

Attirèrent dandys et nymphes bien parées ;

Des lions à la mode aimant beaucoup le jeu,

Passant pour des mylords, empruntant leur enjeu ;

Plus loin des parvenus, singeant le dignitaire,

Cachant tout ce qu'ils sont pour mieux se contrefaire ;

Mais parlent-ils, sitôt leur éducation

Dit que tout leur savoir n'est autre que le ton.

Là, c'est une maman avec sa prude fille

Désirant un mari, Dieu sait comme elle en grille,

Jouant la modestie à chaque propos doux

Pour attirer près d'elle au plus tôt un époux.

La chère mère aussi cherche dans l'assemblée

Son amant dont elle est sans cesse émerveillée.

Le papa, bon apôtre, est assez complaisant,

Par compensation lui-même en fait autant.

Enfin une dévote, aux dix lustres passés,

Croyant paraître moins par les soins empressés

Qu'elle emploie avec art, la sainte minaudière,

De peindre ses attraits de façon, de manière,

A tromper le regard d'un jeune connaisseur ;

Mais non certes celui de l'œil d'un scrutateur ;

Son extrême indulgence est portée à médire ;

Sur son sexe toujours elle trouve à redire.

. . . .

. . . .

Ces modèles de mœurs, trouvés dans son salon,

Satisfirent ses goûts, soutinrent son aplo   .

Suivant les pas légers d'une tendre sylphide,

Beauté très-peu farouche ; en revanche perfide,

Cette fine Aspasie, au regard attirant,

Le voulait comme esclave à son char triomphant,

Assujétir sa bourse à ses moindres caprices ;

C'était, à son avis, le prix de ses prémices.

Aussi, bien décidée à faire agir son art,

Elle n'épargne rien dans cet heureux hasard.

Enfin gagne pour prix le cœur conquis sans armes

De son adorateur embrasé de ses charmes.

Oubliant les devoirs que réclame l'hymen,

Le sort qui le mena dans un si beau chemin,

Au sein d'un mariage obtenu par l'adresse,

Ce mari sans égards se déprave et délaisse

Celle qui le combla d'un bonheur sans égal,

Sacrifiant pour lui son amour virginal,

Au risque d'encourir le châtiment d'un père,

Sa malédiction, toute sa vie entière.

Sans chagrin ni pitié, peut-être aucun remords,

Il combla tout entier ses déréglés transports.

.   .   .   .

.   .   .   .

Quand parfois son Adèle exprimait sa contrainte,

Que son cœur oppressé voulait dire une plainte,

Sitôt il devenait grondeur, même brutal,

Et finit par quitter l'asile conjugal

Pour vivre sous le toit d'une femme astucieuse,

L'enrichir de ses dons, la rendre très-heureuse,

Mais jamais satisfaite, exigeante toujours,

Voulant pour ses attraits du nouveau tous les jours.

De plus, un cher cousin, non pas de sa famille,

Sigisbé complaisant, à ses ordres docile,

Tous les deux à l'envi de gagner dans les jeux,

Puiser dans le trésor de l'amant amoureux.

Tant et tant, qu'à la fin ce fut sa signature

Qu'on exigea de lui jusqu'à comble mesure ;

D'après ce beau manége arriva le moment

De payer ces billets en bel et bon argent.

D'avides créanciers voulurent tout de suite

Empocher leurs écus, sinon une poursuite.

Dans cette conjoncture on greva tout le bien

Que l'épouse apporta ; l'on ne lui laissa rien...

.   .   .   .

Un semblable désastre acquis par ses folies,

Loin de faire changer toutes ces infamies,

Lui suscita sans crainte un désir infernal

De posséder de l'or !... Pour avoir ce métal,

Il contrefit si bien l'écriture et les noms

D'un grand seigneur anglais... que sans crainte ses bons

Passèrent sans scrupule en les mains des notaires

Chargés par le milord du soin de ses affaires.

Dès lors on lui solda cent trente mille francs

Joyeux de sa capture, et sans perdre de temps,

Arrive chez l'infâme, ardent d'impatience,

De partir avec elle en pays loin de France ;

Se soustraire à la loi, cacher son déshonneur,

Produit par ce démon, ignoble ver rongeur.

Leur fuite ne laissa nulles traces à suivre.

L'audace les sauva, l'on ne put les poursuivre...

.   .   .   .

Plus de six mois avant la confiscation,

La pauvre Adèle était dehors de sa maison ;

Ses chers et bons parents, désolés de ses peines,

L'en avaient fait sortir, voulant rompre les chaînes

De cet hymen affreux, source de leur douleur,

Dont l'abîme pour eux n'avait de profondeur.

Leur fille bien-aimée était méconnaissable ;

Le chagrin dévorait tout son être adorable ;

Supportant son malheur sans oser en parler,

La mort seule pouvait un jour la consoler.

Elle ne tarda pas, sa course fut bien prompte,

Lorsqu'on lui dévoila toute l'infâme honte

De son hideux mari, seul homme de son goût,

Lui, devenu faussaire et dépravé dans tout.

Ce surcroît de chagrin, cette idée infamante,

Donnèrent à son sang une fièvre brûlante.

Son cœur aimant et fier, percé de mille coups,

Expirait suffoqué sous ses ignobles jougs...

. . . .

. . . .

Sa mère inconsolable, en ce moment suprême,

Exhalait par ses pleurs son désespoir extrême ;

Anéantie, hélas ! sous le poids du malheur,

Tout en elle disait l'excès de sa douleur.

Sa fille, à ce tableau surmontant l'agonie,

Dit à ses bons parents, à sa mère chérie :

Ne me regrettez pas, ni ne pleurez ma fin,

Elle abrége ma honte, engloutit mon chagrin.

Dans le palais de Dieu mon âme va paraître,

Ma croyance me dit qu'elle doit là renaître.

Le divin Créateur, en qui je mets ma foi,

Pour me récompenser aura pitié de moi.

Si jamais le destin auprès de vous ramène

Mon époux tant aimé... dites-lui que, sans haine

Ni malédiction, je plains son triste sort,

Et que mon cœur mourant lui pardonne ma mort.

FIN DE L'ÉPISODE DES DEUX JEUNES ÉPOUX.

SUITE DE L'ABRÉGÉ DE MA VIE.

J'accuse sans détour qu'ayant perdu des dents,

Un malheur me survint. (J'y penserai longtemps.)

Voulant y suppléer, l'on m'en mit de postiches.

A partir du moment, il me vint des prestiges ;

Une fièvre nerveuse irritait tout en moi,

Exaltant mon cerveau, me donnait de l'effroi.

La pose de ces dents causa tout ce ravage.

Je m'en débarrassai, le moyen le plus sage ;

Mais le mal existait, et pour l'anéantir

Il me fallut six mois pour bien y parvenir ;

J'avais à cette époque une nouvelle bonne

Qui me soignait bien mal ; mais que Dieu lui pardonne.

Mes amis, très-inquiets de ma position,

Me conseillèrent tous d'entrer en pension.

J'entrai donc aussitôt dans ces lieux de tristesse.

Durant les premiers jours mon cœur souffrait sans cesse

Par le calme indolent, le peu d'aménité

Qui remplaçait souvent quelque trait de bonté.

Ma prudence, en ce cas, était ma camarade,

Elle me conduisait, crainte d'une incartade ;

Quoique souffrant des nerfs, je ne me plaignais pas.

Ils me donnaient pourtant de terribles combats.

Quand parfois ma pensée irritait ma cervelle,

Ma tête travaillait, sa tâche était cruelle !

J'en étais désolée, et pourtant mon chagrin

Se changeait en gaîté devant le médecin.

Redoutant que l'on vît en moi de la souffrance,

Je m'armai de courage avec persévérance ;

Cela me fit du bien : aussi, dans la maison,

J'assure qu'on vantait mon esprit, ma raison.

. . . .

. . . , ... , . . .

Dans le fond du jardin l'on avait fait construire

Un triste bâtiment difficile à décrire :

J'appris qu'il renfermait des folles et des fous;

Qu'ils restaient dans ces lieux, ne venaient pas chez nous.

Mon cœur en fut peiné ; mais il me prit l'envie

De prodiguer mes soins où régnait la folie.

J'entrai dans cet asile avec permission ;

Mon dévoûment brilla dans cette occasion.

Je leur parlais raison dans un simple langage ;

Plusieurs m'écoutaient, me comprenaient (je gage).

Toujours avec plaisir j'arrivais auprès d'eux,

Pour leur faire passer quelques moments heureux ;

Car les folles m'aimaient, j'en avais l'assurance

Par leur contentement causé par ma présence.

Souvent je profitais de leur lucidité,

Stimulant avec soin leur faible faculté ;

Alors elles disaient des choses raisonnables,

Et leurs expressions étaient très-convenables ;

Mais un quart-d'heure au plus la raison s'en allait,

Et l'affreuse folie aussitôt revenait.

Je disais de bon cœur : Grand Dieu ! plein de clémence !

Je réclame humblement votre toute-puissance

Pour ces aliénés, faire changer leur sort,

Pitié pour eux, bon Père ! ou donnez-leur la mort.

COUPLETS

ADRESSÉS A UNE AMIE LORSQUE J'ÉTAIS DANS
LA MAISON DE SANTÉ.

Air : *Sait-on pourquoi, pauvre poëte.*

Ne sois pas surprise, ma chère,

Si je n'habite plus chez moi ;

Pour quelque temps, oui, je l'espère,

Faut me soumettre à cette loi.

Mon docteur vient de me conduire

Dans une maison de santé ;

Libre partout, je peux le dire,

Mais sortir est intercepté.

Mes dents, mes dents,

Mes chères dents,

Moi qui suis coquette,

Vrai, je vous regrette.

Mes dents, mes dents,

Mes chères dents,

Vous me causez bien des tourments

J'ai du chagrin, chère Euphémie,

Causé par mes mauvaises dents.

Ris de moi, ma charmante amie,

Comme on se moque des enfants;

Et moi que l'on dit philosophe,

Femme-poëte et de bon sens,

Gémir de cette catastrophe,

Ne braver l'injure du temps.

    Mes dents, mes dents, etc.

Pour remplacer ces infidèles

J'eus recours à de fausses dents;

Mais elles furent bien cruelles

En troublant mes nerfs et mes sens.

Je souffre, mais j'ai du courage :

Car mon esprit a la raison

De suivre le conseil du sage

Qui veut la résignation.

    Mes dents, mes dents, etc

Dans cette maison de tristesse

On y reçoit aussi des fous ;

Pour leur complaire je m'empresse,

En récompense ils m'aiment tous ;

Je tâche d'adoucir leurs peines

Par des riens qui leur font plaisir ;

Allégir s'il se peut leurs chaînes,

En satisfaisant leur désir.

Mes dents, mes dents, etc.

Mais c'est surtout auprès des femmes

Que je prends part à leur malheur ;

Quand je les vois dans les alarmes

Mon cœur se gonfle de douleur ;

Marianne est celle que j'aime :

Sa folie est jusqu'à l'excès.

Dieu de bonté, juge suprême,

Placez-la dans votre palais.

Mes dents, mes dents, etc.

Clémence est pour moi bien aimable ;

Elle se calme en me voyant ;

Sa fureur devient raisonnable.

Que de respect en me parlant !

Je suis leur ange tutélaire

Qui séjourne dans leur canton.

Hélas ! si je pouvais ma chère,

Leur inspirer de la raison !

     Mes dents, mes dents, etc.

Pour contenter monsieur Collette,

Je chante de vieilles chansons ;

C'est pour lui son beau jour de fête,

Et sa voix se mêle à mes sons.

Ce digne vieillard tant malade

Se croit encor dans son printemps

De lui déplaire je n'ai garde :

Je respecte trop ses vieux ans.

     Mes dents, mes dents, etc.

Si parfois la mélancolie

Vient me surprendre dans ces lieux,

Tout aussitôt elle est bannie

En faisant des couplets joyeux :

Cette maison est mon Parnasse,

Où mon génie est enchanté :

Car c'est là qu'il atteint la trace

Qui mène à l'immortalité.

Mes dents, mes dents, etc.

Dans le corps de logis, lieu de ma résidence,

Ah ! quel contraste, hélas ! et quelle différence !

Sans cesse on rencontrait de gais convalescents,

Jouant dans le jardin, passer d'heureux moments. .

. . . .

. . . .

Tous les jours, à dîner, la table était garnie

De mets très-succulents et qui donnaient envie.

Et moi, qui mange peu, je murmurais tout bas
Contre mon appétit, près de si bons repas.

. . . .

Chaque soir l'on voyait le maître et la maîtresse
Exciter les joueurs... mais avec politesse,
De mettre leur enjeu, de ne pas balancer,
Que la chance pourrait bien les favoriser.
Les perdants courroucés, redoublaient d'énergie,
Pour ressaisir leur perte invoquaient la magie...

. . . .

J'examinais ce monde avec compassion ;
Il méritait, je crois, plutôt dérision.
Le maître de céans, chose très-remarquable,
Lorsqu'il avait gagné, s'éloignait de la table.
Quant à la chère dame, elle tenait le jeu
D'un vieux pensionnaire assis auprès du feu.
Le gain se partageait comme un don, pour sa peine,
Et souvent elle avait une assez bonne aubaine.
Ce que j'écris ici, je l'assure certain,
Sans craindre nullement médire du prochain...

. . . .

On donnait des concerts, on chantait des romances ;

L'on dansait des polkas pleines d'extravagances.

La joie et la folie avec tous ses grelots

Exerçaient leur empire où fallait le repos.

Pour les convalescents c'était toujours nuisible ;

Aussi les gardait-on le plus longtemps possible.

Que de défauts, cachés sous la frivolité,

Protégent bien souvent les maisons de santé !

Aussi je la quittai dans le désir sincère

De n'y plus revenir comme pensionnaire.

Je retournai chez moi, leste et le cœur joyeux,

Ne regrettant personne en faisant mes adieux.

Les pauvres fous pourtant me faisaient de la peine.

Je me disais : leur vie est un tissu de chaîne ;

Que ne puis-je le rompre au gré de mon désir ;

Mais le Dieu tout-puissant peut seul l'anéantir.

. . . .

Après avoir repris le soin de mon ménage,

Et mis de l'ordre en tout (car tel est mon usage),

Dans mon enthousiasme, il me semblait vraiment
Que tout était plus beau dans mon appartement.
Je me disais : pourquoi? c'est que six mois d'absence
M'avaient privée assez de cette jouissance.
Dès les premiers moments, en rangeant mes effets,
Je ne remarquai pas l'absence des objets ;
Leur disparition me fit penser de suite
A ma dernière bonne ainsi qu'à sa conduite.
Me croyant bien malade, et libre en ma maison,
Sans doute elle volait sans craindre aucun soupçon.
Son choix se partagea sur différentes prises,
Telles qu'argent, bijoux, bas, dentelles, chemises.
Enfin, elle fit raffle au gré de son vouloir ;
Ma santé m'empêchait de m'en apercevoir.
J'eus la conviction que vraiment c'était elle,
Car sachant mon retour, l'honnête demoiselle
S'éloigna du quartier, changea même de nom,
Redoutant son mari (c'était-là son dicton) ;
Ce mensonge m'outra; ne pouvant plus me taire,
Je déclarai le tout pour preuve du contraire,

Mais sans la dénoncer chez un homme de loi

Ce moyen de vengeance était affreux pour moi.

Le mépris, la pitié, dans cette circonstance,

Furent ses avocats pour gagner ma clémence,

Trois différentes fois j'eus un semblable sort :

Pour leur punition je les mettais dehors.

C'était, à mon idée, agir avec prudence :

Avec de telles gens faut craindre leur vengeance.

Débarrassée enfin du poids de mes disgrâces,

J'en éloignai sitôt toutes les moindres traces.

Ces tribulations n'excitèrent mes pleurs,

Comparativement à mes anciens malheurs.

Mon cœur avait subi tant de peines cruelles,

Qu'il jugeait celles-ci comme des bagatelles.

Tranquillement chez moi, sans nulle ambition,

Le faste ni l'orgueil n'habitaient ma maison.

Je passais doucement le fleuve de la vie,

Oubliant les écueils avec philosophie.

Dans cette quiétude un rien me contentait ;

Je pouvais dire encor : mon cœur est satisfait.

Cette sérénité de l'esprit sans alarme,

Allait pour quelque temps me priver de son charme.

. . . .

. . . .

Un effrayant malheur allait me survenir ;

Je ne peux y songer sans de suite frémir.

La bonne avait placé (jugez l'inconséquence !)

Sur un poële chaud un flacon plein d'essence :

Assise tout auprès, lisant tranquillement,

Je ne pouvais prévoir un danger imminent.

Le flacon s'échauffant, la chaleur le fit fendre ;

L'essence s'enflamma, tombant dedans la cendre.

Sur moi j'eus la moitié ; le feu prit après moi :

Les flammes aussitôt me saisirent d'effroi ;

Mais sans perdre courage en ce moment terrible,

J'invoquai le Très-Haut pour qu'il me fut possible

D'arrêter ce malheur, sans songer au danger.

Tout en moi me disait : Dieu va te protéger.

De mes mains j'activai de suite la vitesse,

Pour sortir du péril par force ou par adresse.

Sans craindre je tordis mes vêtements en feu ;

Je ne redoutais rien, vous le savez, grand Dieu !

Seule, dans cet instant, sans votre Providence,

Je pouvais dans le feu succomber de souffrance.

Que ce mal est cuisant ! j'en connais la douleur ;

Car une de mes mains éprouva ce malheur ;

En défendant ma vie elle fut bien brûlée ;

Oh ! combien j'ai souffert ! j'en étais désolée.

Elle effrayait à voir ; je ne la montrai pas ;

Évitant de chacun les plaintes, les hélas.

A quoi m'auraient servis toutes leurs doléances !

Ils ne pouvaient m'ôter ma plaie et mes souffrances.

Je me tranquillisais tout en me raisonnant,

Que j'aurais pu subir un malheur bien plus grand.

L'espace de deux mois elle fut bien malade.

Mon bras fut soutenu crainte d'une incartade.

Enfin, avec le temps et le secours de Dieu,

Je voyais tous les jours qu'elle allait beaucoup mieux.

J'en devais être infirme. Oh ! bonheur ineffable !

Céleste Providence, infinie, adorable,

Vous m'avez secouru dans tous mes grands malheurs.

Vos inspirations étaient mes protecteurs :

Ils m'ont prise en pitié dans ce surcroît de peine.

Ma main n'est point infirme : on y croyait à peine.

Depuis cet accident, le Maître des destins

A cessé ses rigueurs ; mes jours sont plus sereins.

J'arrive doucement au terme de ma vie

Sans beaucoup de chagrin ni de mélancolie ;

Si parfois j'en ressens c'est pour les malheureux.

Souvent je les secoure ; je fais ce que je peux.

Deux enfants et leur mère, accablés de misère,

Ont su toucher mon cœur, ont le don de me plaire :

Ils auront une part dans mon petit avoir ;

Telle est ma volonté, du moins, j'en ai l'espoir.

Dieu veuille que ce legs allége leurs années,

Adoucisse leur sort, leurs tristes destinées !

Je veux aussi donner à des honnêtes gens,

Pauvres et sans soutien, chacun quinze cents francs.

Ils pourront, je le crois, jouir des avantages

Que procure, en payant, l'hospice des Ménages.

C'est dans ces bons vouloirs que se passe mes ans ;

Je berce ma vieillesse avec ces sentiments.

Mon âme les approuve en m'assurant d'avance

Que l'aumône souvent donne une récompense ;

Déjà je la reçois dans mes intentions,

En pouvant accomplir mes dispositions.

. . . .

J'ai franchi mes malheurs ; maintenant, sans alarme,

L'existence me plaît, j'y trouve encor du charme.

Mes chagrins sont passés par la longueur du temps ;

Mais mon cœur bat toujours pour mes très-chers enfants.

Il m'inspire pour eux de tendres rêveries :

Je me rappelle alors leurs personnes chéries,

Leur langage charmant, leurs folâtres plaisirs.

N'est-ce pas du bonheur, de si doux souvenirs ?

Contente de mon sort, je sais me rendre heureuse ;

Ayant peu d'humeur noire, un rien me rend joyeuse.

L'éclat, la vanité, ne me donnent d'orgueil,

Car souvent sur leur route on rencontre un écueil.

. . . .

De mes vers sans apprêt, francs comme ma personne,

Qui n'aspire aux honneurs que le suffrage donne,

J'évite ses faveurs comme ses compliments.

Cependant j'en reçois tout parfumés d'encens

L'eau bénite de cour n'est point à mon usage;

Jelaisse ces parfums à plus sot personnage.

Cette flamme légère est nuisible à l'esprit;

Car on croit en avoir, et de vous on se rit.

Ne le croyons qu'un peu, c'est la marche plus sûre

Pour plus en acquérir, et braver la censure.

Le génie est un don du Maître Créateur;

Sur les autres il est le plus supérieur.

Il se plaît à régner dans l'âme des poëtes;

C'est par son feu divin qu'il gagne des conquêtes.

La flamme qu'il répand électrise un auteur,

Élève sa pensée, embrase son ardeur.

Dans son enchantement il compose des rimes

Coulantes, sans apprêt, et cependant sublimes.

. . . .

Mais pourquoi, sans avoir le secours d'Apollon,

Osais-je discuter sur ce précieux don ?

Arrête-toi, ma muse, épargne ma défaite ;

Tu le sais comme moi, je ne suis pas poëte.

Le langage des dieux ne forma mon esprit ;

Je compose des vers comme il me les prescrit.

C'est un délassement qui n'attire aucun blâme ;

Il nourrit ma pensée, et mon cœur le réclame.

Cependant il m'arrive, et même assez souvent,

Quand j'appelle une rime, elle vient lentement.

Parfois c'est difficile, ayez-en l'assurance,

Qu'elle ne se soumet qu'avec la patience.

. . . .

. . . .

J'en ai suffisamment pour les vers que je fais,

Ne briguant pas l'honneur qu'on les trouve parfaits.

Je les écris pour moi, sans aucune importance,

Et ne réclame pas pour eux de l'indulgence.

Ne peut-on pas sans croire égaler un auteur

Composer quelques vers d'un style sans valeur ?

C'est ainsi que je fais, l'hiver, à la veillée ;

Seule, je suis bien mieux que dans une assemblée ;

Là, je rumine avant de griffonner des mots ;

Lorsque je les écris, je les crois à propos.

Ils sont j'usqu'à présent exempts de la censure,

Et n'ont du persifflage aucune égratignure.

Je les laisse ignorés..... peut-être que plus tard

Ils auront du génie une petite part.

Quand je n'y serai plus, plaise que leur langage

Procure à ma mémoire un véritable hommage.

Je remonte un peu tard aux jours de mon enfance ;

J'avais deux ans alors, lorsqu'en ce temps la France,

Des monstres acharnés, sans crainte, sans effroi,

Menèrent à la mort Louis-Seize, notre roi.

Ma main tremble en traçant ces lignes sanguinaires :

Car, qui croirait jamais que des Français, nos frères,

Aient pu souiller leur cœur par ces crimes odieux !

Cette tache à la France a jailli jusqu'aux cieux.

Les nobles et la reine, au gré de leur caprice,

Les jugeant criminels, allèrent au supplice.

Le riche et l'honnête homme eurent le même sort.

Robespierre disait : Condamnez-les à mort !

Le glaive de la loi tomba dessus leur tête.

O grand Dieu! que d'horreurs dans ces jours de tempête!

Terrible République ! affreux gouvernement!

Lucifer vous guida pour régner en tyran.

Enfin, ces scélérats avides de carnage,

Eurent du sang partout, presque dans leur breuvage ;

Et le peuple affamé par le manque de pain,

Traînait son faible corps dévoré de chagrin.

Dans ce temps de terreur l'on pilla les églises :

Ces monstres prirent tout, saint ciboires, calices,

Sans épargner aussi tout le bien des clergés;

Et par surcroît d'horreur les prêtres égorgés....

. . . .

. . . .

Enfin, le Créateur par sa digne puissance,

Fit cesser ce fléau qui consumait la France.

Un guerrier redoutable armé d'un bras vainqueur,

Bonaparte le Grand, notre libérateur,

Expulsa ces brigands, abattit leur repaire,

Leurs infernales lois sans craindre leur colère...

. . . . ` ˙

Le calme renaissant ranima les esprits ;

La confiance vint remplacer les soucis.

La France tout entière admirait sa vaillance,

Son courage guerrier dans sa persévérance...

Mais, hélas ! par malheur le démon des combats

Vivait dans sa personne et gouvernait son bras.

Que de sang répandu dans ces jours de victoire !!!

Il coulait à gros flots pour la couvrir de gloire.

Ce torrent sanguinaire aurait dû l'arrêter.

Vains efforts ! son vouloir régnait pour l'exciter.

Sa grande ambition causa sa déchéance ;

On le fit déporter dans une île hors de France.

. . . .

Aussitôt les Bourbons entrèrent dans Paris

Au son des instruments, des fêtes et des ris.

Louis Dix-Huit, héritier, son auguste personne
Fut nommé roi de France et ceint de la couronne ;
Son règne fut heureux, son profond jugement
Le maintenait toujours dans le gouvernement ;
Homme de cabinet, juste autant que sévère,
Car il le démontra d'une affreuse manière
Envers deux généraux qui reçurent la mort :
Lui-même l'ordonna, ce fut son plus grand tort.
Tout le temps qu'il régna Paris n'eut point d'alarmes ;
Le peuple fut content et ne prit point les armes.
Il mourût sur le trône, entouré de regrets,
Et même l'on peut dire aimé de ses sujets.

. . . .

. . . .

Charles-Dix aussitôt, par droit héréditaire,
Devint roi comme étant l'héritier de son frère.
Faible de caractère, on le trompa souvent :
Ne croyant pas le mal, il régnait indolent.
Renonçant aux amours, en chrétien voulant vivre,
Pour que son âme, un jour, au ciel puisse survivre.

Mais pour y parvenir, l'inflexible destin
Suggéra d'Orléans son plus proche cousin.
Sa grande ambition, son esprit plein d'audace,
Ouvrirent le chemin qui menait à sa place ;
Pour le bon Charles-Dix cette punition
A dû le sanctifier dans la religion.

. . . .

. . . .

Paris à cette époque était dans les alarmes ;
Le peuple soulevé courait prendre les armes :
Barricades partout, réverbères détruits,
Les portes des prisons ouvertes aux bandits.
Que d'effrois on avait dans ces jours exécrables !
Sans cesse on rencontrait des brigands redoutables.
Pour détrôner un roi que d'hommes ont péri !
Sans compter les blessés, dix mille dans Paris.
Mais du duc d'Orléans la gloire fut complète,
Il monta sur le trône, on couronna sa tête ;
Son règne fut celui d'un monarque rusé.
Bon père de famille et très-intéressé ;

Accumulant sans cesse, achetant des domaines,

Quand très-souvent son peuple avait beaucoup de peines

Ennemi de la guerre, il ne la chercha pas ;

Le fin matois craignait qu'on ne le mît à bas.

Il resta dix-huit ans dans cette quiétude ;

Mais toujours les Français, changeants par habitude.,

Dirent : A bas les rois ! que l'on n'en voulait plus ;

Qu'ils obéraient la France en luxes superflus ;

Que le désir du peuple était la république ;

Qu'avec elle on n'aurait point de terreur panique.

La juste égalité, guidant les citoyens,

Les rendraient tous égaux en partageant les biens.

Ses nobles défenseurs, soutiens de la patrie,

Hommes justes et bons, en fait de barbarie,

Surtout le cher Barbès et l'aimable Louis Blanc ;

Ledru-Rollin, Proudhon, eurent le premier rang,

Pour semer la discorde, animer la tempête ;

Voilà ce qu'ils voulaient pour prix de leur conquête.

Leurs suppôts aussitôt secondant leur désir,

S'armèrent par milliers sans craindre de mourir.

Barricadés partout, et dépavant les rues,

La vengeance, la mort, par flots s'étaient accrues.

Le tocsin alarmant allait au fond des cœurs;

Ces cloches annonçaient les peines, les malheurs....

Tous les bons citoyens, dans ces jours de carnage,

Quittèrent leurs foyers, pleins d'un noble courage,

Courant à l'ennemi, bravant les coups du sort,

Pour vaincre ces brigands sans redouter la mort.

Les femmes, les vieillards, dans ce péril extrême,

Imploraient du Très-Haut la clémence suprême.

Mais l'enfer envoyait l'ange exterminateur

Pour semer sur la France un fléau destructeur.

Que de sang renversé dans ces jours de carnage !

La fureur exhalait la vengeance et la rage.

Sans cesse on pouvait voir des mourants, des blessés,

Et des monceaux de morts dans des coins entassés.

Un de nos généraux *, d'une vaillante audace,

Vint pour capituler : de suite on le terrasse,

* De Bréa.

Le perce d'outre en outre, et même après sa mort.

Que de vaillants soldats ont eu le même sort !!!

Chacun dans son réduit vivait dans l'esclavage,

Cachant, resserrant tout, redoutant le pillage.

Les canons enflammés vomissant leurs boulets,

Causèrent dans Paris de foudroyants effets ;

Détruisant des maisons, ravageant des boutiques,

Quand ces brigands criaient : Vive la République !

. . . .

L'arbre très-belliqueux de notre liberté,

Ce trophée alarmant par leurs mains fut planté.

Ne voulant plus de roi pour gouverner la France,

Les hommes du pouvoir briguaient la préférence ;

Mais ce fut le neveu du grand Napoléon

Qu'on élut président, chef de la nation.

Aussitôt l'on nomma, je ne sais pourquoi faire,

Sept cents Représentants d'un conseil arbitraire,

Criant, se disputant, dans leurs moindres discours,

Quoique gagnant chacun vingt-cinq francs tous les jours.

. . . .

Ces grands hommes d'argent se gonflaient d'espérance,

De rester au pouvoir, de gouverner la France ;

Mais au bout de quatre ans, jugez de leur chagrin.

Leur règne ambitieux se réduisait à rien.

Le Président savait qu'il leur était nuisible,

Qu'ils conspiraient sa perte, et l'assuraient possible;

Le jugeaient sans moyens, d'un esprit indolent,

Ne voulaient plus de lui pour être Président.

Sa prudence épuisée appela la vengeance

Pour leur faire sentir le poids de sa puissance.

Comme maître il voulut détruire leurs complots,

Leur orgueil effréné, leurs insolents propos ;

Sans craindre leur vengeance il réussit sans peine

A faire incarcérer trois des chefs à Vincenne ;

Deux jours après l'on sut qu'ils étaient déportés,

Ainsi que leurs consorts et bien des députés.

. . . .

. . . .

Ce hardi coup d'État qui menaçait sa tête

Raffermit son pouvoir, fit valoir sa conquête :

Le Prince-Président a bien voulu faire insérer dans les journaux mes couplets, au mois de mai 1852, ainsi que la *Fête des Aigles.*

COUPLETS

ADRESSÉS AU PRINCE-PRÉSIDENT, TROIS JOURS APRÈS
LE COUP D'ÉTAT DU 2 DÉCEMBRE 1851.

Air : *Mon lit, mon lit, mon pauvre lit.*

I.

Fêtons, amis, tous à la ronde,

Le neveu du grand conquérant;

Il donne preuve à tout le monde

Qu'il est digne de son parent.

Son coup d'État est une gloire

Qui surpasse sa dignité;

En récompense la victoire

Le mène à l'immortalité.

Louons, louons, amis, louons,

Louons sa prudence,

Sa persévérance;

Louons, louons, amis, louons.

Le président Napoléon.

II

Les députés, dans leur croyance,

Étaient sûrs de le renverser ,

Mais Dieu qui souvent récompense,

N'a pas voulu le déplacer.

Que le destin lui soit prospère

Dans son parcours tant périlleux ;

Pour que l'Europe tout entière

Le bénisse et le porte aux cieux.

 Louons, louons, amis, louons, etc.

III

Napoléon, je vous admire,

Excusez ma sincérité ;

Le plaisir que j'ai de le dire

Prouve que c'est la vérité.

Dans votre exil, l'expérience

A mûri vos bons sentiments ;

Maintenant, sauveur de la France,

Puissiez-vous nous rester longtemps !

 Louons, louons, amis, louons, etc.

COUPLETS

AU SUJET DE LA FÊTE DES AIGLES (ANNÉE 1852),
COMPOSÉS CINQ JOURS APRÈS LA FÊTE.

Air : *T'en souviens-tu disait un vieux soldat.*

I

Sur nos drapeaux que la gloire environne,

L'aigle vainqueur enfin est replacé ;

A son aspect aussitôt il nous donne

Le souvenir d'un glorieux passé.

On se souvient que son élan rapide

A la victoire entraînait nos soldats ;

Aigle, à présent, sois toujours notre guide

Au champ de paix comme au champ des combats. } *bis.*

II

Si l'étranger voulait fouler la terre

Où désormais l'aigle a fixé son choix,

Au premier cri de l'oiseau du tonnerre
Chaque Français accourrait à sa voix :
Le faible enfant, l'adulte et l'invalide,
Pour le chasser sauraient armer son bras ;
Aigle, à présent, sois toujours notre guide
Au champ de paix comme au champ des combats. } *bis.*

III

Protége aussi l'homme dans sa souffrance ;
Le travailleur et l'humble paysan,
L'homme de lettres, de l'indépendance,
Le noble riche et l'honnête marchand ;
Place-les tous sous ta puissante égide ;
Fais-toi bénir de chacun ici-bas.
Aigle, à présent, sois toujours notre guide
Au champ de paix comme au champ des combats. } *bis.*

FABLE.

L'AIGLE ET LE SERIN.

Un tout jeune serin, ignorant sa faiblesse,

Voulut dans son essor prendre trop de hardiesse,

S'envola plein de joie, au plus haut d'un palais ;

Mais sa témérité l'éloigna pour jamais.

Sur ce dôme sacré de ce palais antique

Avait fixé son vol un aigle magnifique.

Glorieux de son choix, cet oiseau noble et fier,

Semblait dire à chacun : Respect à Jupiter ;

C'est moi qui, dans les champs, en suivant le grand homme

Etais sur vos drapeaux que la gloire renomme ;

Ranimant vos efforts au milieu des combats,

Je fis plus d'un héros, quoique simples soldats ;

Et toujours, dans l'armée, au fort d'une bataille,

Rien ne me fit trembler, pas même la mitraille.

. . . .

Le timide serin, entendant ce récit,

S'abattit de faiblesse et de peur tout transi.

L'aigle l'apercevant, lui dit : Que viens-tu faire ?

Misérable avorton, retourne sur la terre,

Je pourrais de mon souffle aussitôt t'engloutir ;

Mais j'ai pitié de toi, tu ne vas pas mourir.

. . . .

Le petit oisillon lui dit dans son langage :

Digne roi des oiseaux ! reçois mon pur hommage ;

Le Dieu qui nous créa m'a doué de la voix,

Je vais la déployer pour chanter tes exploits.

Dans mes gazouillements, je redirai sans cesse,

Si je respire encor c'est grâce à ton altesse ;

Habite les palais, cet honneur t'appartient ;

La gloire est ton partage et la valeur ton bien.

Veille sur le tombeau des restes du grand homme,

Qui fut notre empereur et père au roi de Rome.

A MA MUSE.

Je peine pour écrire ; ah ! c'est bien malgré moi ;

Ma muse m'abandonne, et je ne sais pourquoi.

Dieu de la poésie, exauce ma prière,

Accorde à mon vouloir ton secours salutaire ;

Sans ta protection mon génie indolent

Ne pourra plus dicter aucun vers éloquent.

Du temps de tes faveurs mon âme était joyeuse :

Les rimes me venaient, je me trouvais heureuse ;

Pourquoi me délaisser quand j'ai besoin de toi ?

J'encense tes autels, j'aime à suivre ta loi ;

Mais ce n'est pas assez pour célébrer ta gloire,

Pour atteindre le but qui mène à la victoire,

Il faut que mon esprit d'un pas accéléré,

Travaille pour venir à ce but désiré ;

Mais il se ralentit, s'arrête dans la route ;

Ce chemin le fatigue, il le craint, le redoute ;

Il lui faut ton appui pour activer ses pas ;

Si tu ne le soutiens, il n'arrivera pas ;

Je m'aperçois trop bien que lorsqu'on te néglige

Le goût des vers nous manque, on n'a plus de prestige.

Le langage des dieux n'anime plus nos sens,

Le cœur n'inspire plus que de faibles accents.

Il est un terme à tout : telle est la loi commune ;

La vieillesse nous gagne, elle nous importune,

En nous recommandant de soigner nos vieux jours,

Que le travail de tête en abrège le cours.

Je me restreins, hélas ! malgré toute l'envie

De dicter de bons vers, mais je tiens à la vie.

Des lauriers du Parnasse on en recueille peu,

Je n'y dois pas prétendre, aussi j'en fais l'aveu.

A plus heureux que moi je laisse cette gloire

Pour qu'il s'immortalise au temple de mémoire ;

Le chemin est perfide aux poëtes surtout :
Que d'entraves ils ont pour parvenir au bout !
Car souvent le public est enclin à médire ;
Sans bien juger vos vers, il lance une satire.
Plus un auteur est bon, plus les mauvais esprits,
Jaloux de son pouvoir, dénigrent ses écrits ;
Mais le génie est là pour braver leur censure,
De ces petits frelons ne crains pas la piqûre.

Combien de grands auteurs ont eu le même sort !
Sans se trouver blessés ni se croire avoir tort.
Au théâtre ou joua leurs belles tragédies,
Leurs divins opéras, brillants de mélodies ;
D'abord le premier jour quelques mauvais plaisants
Lancèrent des sifflets comme des igorants ;
Mais de vrais connaisseurs louèrent leurs ouvrages
Par de triples bravos garants de leurs suffrages.
Le divin Créateur voulut que leurs esprits
Par des vers immortels illustrent leurs écrits.

Sans doute il les créa pour célébrer sa gloire
En chants harmonieux au temple de mémoire.
Oui, j'aime à rendre hommage à ces hommes heureux,
Et souhaite aux auteurs qu'ils versifient comme eux.

Moi, sans prétention j'écris pour me distraire,
Sachant bien que mes vers sont d'un style ordinaire,
Semblable aux écrivains à l'esprit rétréci,
Faute de mieux rimer n'en prennent de souci.
Je plains un pauvre auteur qui, pour garnir sa bourse,
Compte sur son travail, bien petite ressource !
Il faut que le poëte en livrant son esprit
Ne vise qu'à la gloire et non pas au profit.
Apollon n'aime pas que l'or le rivalise :
Car il abaisse l'homme, et lui, l'immortalise.
Dans le monde souvent l'on ne compte pour rien
Le souci d'un poëte et même son chagrin.
Combien de patience et que de rêveries
Qui ne sont gratifiés que par des railleries.

Le dieu qui le doua de ce sublime don

L'entoura de lauriers s'enlaçant au chardon.

Mais il suit le destin sans perdre le courage ;

L'espérance le berce, il rêve le suffrage :

Qu'il s'endorme souvent dans ce songe flatteur

Pour reposer sa tête et soulager son cœur !

PARIS. — IMPRIMERIE BAILLY, DIVRY ET Cᵉ,

Place Sorbonne, 2.

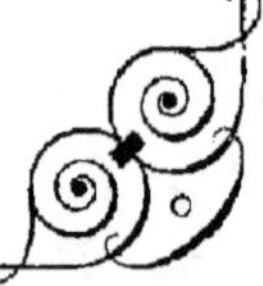